·性教育家長自助手冊·

做知性父母

第二性徵×自慰疑慮×性愛問題，別再用「長大了就知道」搪塞孩子！

周源，戴倩 主編

你是否曾經感到困惑：
孩子年紀還小，真的有必要學習性嗎？
教育孩子性知識，會不會誤導孩子過早發生性行為？

——別傻了，「性」是人類的本能，不可能也不應該受到壓抑！

做知「性」父母：性教育家長自助手冊
目錄

目錄

總序

第一章 幸福人生，從「性」開始

一、人之初，「性」本善 9

二、難以言說的祕密 10

三、他山之石，可以攻玉 12

四、性教育，愛先行 14

五、孩子的性成長路線圖 17

第二章 生而有「性」

一、為什麼性教育要從「0」開始 19

二、給寶寶細膩入微的愛 21

三、寶寶不會說，爸爸媽媽你要懂 23

　1. 愛他，你就抱抱他 23

　2. 不該光著的小屁股 27

　3. 寶寶和媽媽乳房不得不說的二三事 32

第三章 身體真奇妙

一、身體真奇妙 37

二、重視寶寶的「大」「小」功課 38

　三、寶寶容易提出的問題 41

　1. 為什麼男孩站著尿尿，女孩坐著尿尿 41

　2. 為什麼爸爸也有咪咪 45

　3. 為什麼爸爸的臉會扎人 49

　4. 爸爸的小雞雞為什麼長「頭髮」 53

第四章 走向真實的世界

一、走向真實的世界 59

做知「性」父母：性教育家長自助手冊
目錄

　　二、不要對好孩子的「怪」行為上綱上線 60
　　三、孩子可能提出的問題 62
　　　　1. 長大了，我可以和爸爸結婚嗎 62
　　　　2. 媽媽，我是從哪兒來的 66
　　　　3. 穿上裙子我就會變成女孩嗎 71
　　　　4. 我可以撫摸自己嗎 75

第五章 了解正在長大的孩子
　　一、你看不見的男孩、女孩的區別 81
　　二、接受孩子正在長大的現實 83
　　三、孩子可能正在糾結的問題 85
　　　　1. 我喜歡她，這是友情嗎 85
　　　　2. 我為什麼這麼喜歡照鏡子 89
　　　　3. 他們為什麼不穿衣服抱在一起呢 93
　　　　4. 媽媽進我房間為啥不敲門 98

第六章 家有孩子初長成
　　一、家有孩子初長成 103
　　二、緊跟孩子成長的節奏 105
　　三、孩子正在面臨的挑戰 107
　　　　1. 又弄髒了床單，怎麼辦 107
　　　　2. 我是不是受傷了 111
　　　　3. 胸部變成小饅頭，我不敢挺胸抬頭 116
　　　　4. 煩人的小帳篷 120
　　　　5. 聽說隔壁班的女生懷孕了，是真的嗎 124

第七章 成熟的「小孩」
　　一、成熟的「小孩」 129
　　二、抓緊風箏的線 131
　　三、爸爸媽媽應該和孩子溝通的話題 132

1. 當青春遇上愛情 ———————————————— 132

2. 苦澀的「禁果」 ————————————————— 137

3. 學會自我保護 —————————————————— 141

4. 讓生命遠離愛滋 ————————————————— 145

5. 傷不起的「斷背山」 ——————————————— 149

後記

總序

　　孩子的健康成長關係著千家萬戶的幸福，更關係著民族的未來和希望。家庭是一個孩子在從出生到走入社會的過程中重要的生活空間，是培養和教育孩子的重要園地。家庭教育是學校教育的重要延伸和必要補充，具有不可替代的特殊作用。

　　家長們在面對孩子時會遇到各種特殊情況和疑難問題，如何開展家庭教育、指引孩子健康成長，本叢書提供了一系列的「診斷」和建議。在編寫過程中，編者們參閱了大量中外家庭教育方面的經典案例，結合兒童和青少年的身心特點和成長規律，文字通俗易懂、生動形象，能讓您在輕鬆快樂中感受、領悟、學習、借鑑，也能讓您在實踐應用中有所收穫，與孩子一起成長、共同進步，共建和諧美滿的愛心家園。

　　整套叢書選擇了多個當下家庭教育和家庭關係處理中的熱門問題，分別從「好父母好教育」「隔代教育藝術」「留守兒童教育」「單親家庭教育」「青春期教育」「孩子關鍵期教育」「獨生子女教育」「和諧家庭建設」等視角進行了研究，並提出了解決問題的辦法和有益的借鑑，指出了改進教育的理念方法和有效措施，解答了家庭教育中普遍存在的突出問題，不僅形式上有所創新，內容上與時俱進，而且有較強的可讀性，具有普遍的推廣和指導價值。

　　透過此套叢書，我們由衷希望家長朋友們能全面系統、直截了當地認識到，家庭教育是建立在血緣親情基礎之上的教育，不同於學校教育，更不同於社會教育，有其自身的特殊性，在孩子的健康成長中起著不可替代的基礎性和保障性的作用。然而現實中，有的家庭忽視了家庭教育，讓孩子錯失了很多本來很好的成長機會；有的家庭雖然重視家庭教育，但沒有章法，不懂得必要的心理學和教育學知識，科學性不夠。這兩者顯然都無法完整地實現家庭教育的功能。科學合理、充滿善意、溫暖和諧的家庭教育，往往決定了孩子的成人心智、成長水平、成才後勁和成功高度。為了我們共同傾注愛和

做知「性」父母：性教育家長自助手冊
總序

關懷的下一代，為了我們共同期望的未來社會的棟梁之才，我們需要對家庭教育高度重視、不斷反思、探索總結、終身學習。

家長朋友們，教育是一項極為複雜、沒有常式的心靈事業，因為每個孩子和家庭的情況都有很多不一樣的地方。因此，在具體的教育過程中，希望家長朋友們一定要因人而異、因勢利導、順勢而為，針對不同的情況，適時更新教育理念，適時轉變教育觀念，選擇正確、合理的教育方式，才能達到較為理想的教育效果。

世界上有許多事情可以等待、可以重來，唯獨孩子的成長不能等待、不可重來。毫無疑問，家庭教育是一項極為神聖、永無止境的靈魂事業，讓我們共同堅守、共同努力，傾注關愛和熱情，提供養分和空間，幫助引導孩子仁心向善、天天向上、揚帆向前、一生精彩，讓您的家庭真正成為愛的港灣和心靈的家園！

叢書由廖桂芳教授擔任總主編，由魏巍、鄧杉、鄭廷友三位副教授擔任副總主編，由一線優秀教師聯袂編寫而成。系列叢書編寫者中有大學生的人生導師，有中學班導師，有小學的辛勤園丁，還有教育培訓機構的培訓老師。我們透過講故事、找問題、給對策和提建議的方式，和每一位家長一起來為孩子的成長尋找合理的方向和適當的道路。親愛的家長們，沒有哪一條路是最好的，也沒有哪一種方法是通用的，但是我們的心卻都一樣──「放孩子們到寬闊光明的地方」。懷著這樣的願望，我們和您一起分享這套書，希望您的孩子有一個海闊天空的世界，伴著智慧和勇氣，去跨越，去成長！

編者

第一章 幸福人生，從「性」開始

一、人之初，「性」本善

性教育就是對受教育者進行有關性科學、性道德和性文明培養的社會化過程。性教育不只是讀讀書、聽聽講座、看看影片，它是牽涉家庭、學校、社會的系統工程，是一個人隨著受教育年限的增長而不斷發展的再社會化過程。它不僅包括生殖方面知識的介紹，還強調兩性之間態度的發展和引導，關係著一個人在整個生命過程中是否能夠發展成為健全並富有創造力的個體。

性與我們的生活息息相關，從我們出生開始，它就與我們形影不離，從個體的身體發育到父母的教養方式，從自我性別的認同到異性好感的建立，可以說，我們的一生都受其影響。同時，我們又生活在一個充斥著各種性資訊的社會，網路上、電視劇中、新聞裡、生活中，和性相關的、良莠不齊的資訊層出不窮。如何保護孩子免受不良性資訊的影響，如何向孩子傳授正確的性知識，如何幫助孩子理性面對自己的成長發育，如何引導孩子建立正確的性觀念，進而樹立正確的愛情、婚姻和家庭觀念，是為人父母必須面對的問題。

有些父母擔心對孩子進行性教育會不會太早？會不會導致孩子對性問題過分關注？會不會引致不必要的麻煩？其實，這種擔心大可不必。

首先，對於具有較強好奇心的孩子而言，開展性教育不僅不會導致性淫亂，不會引發孩子的性困惑、性犯罪、婚前性行為、性歧視等不健康的社會問題，相反可以幫助孩子對性有正確的認識，培養孩子良好的性意識，使其知道如何保護自己，避免因一時衝動或性無知而造成終身憾事。

其次，對孩子開展性教育，能夠讓孩子正確了解性生理、性心理、性文化、性健康、性別平等、性別意識、性疾病預防等方面的知識，幫助孩子順利度過青春期，同時為成年期感情、家庭的和諧穩定打下堅實的基礎。

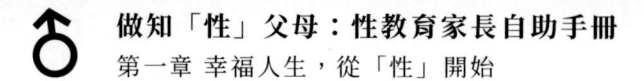

最後，對孩子開展性教育，有利於孩子樹立正確、健康的性價值觀。性教育關注的是整個人的身體、心理和精神等方面的發展，從生理、心理、社會、歷史、文化、道德和哲學等不同的角度引導孩子學習科學的性知識，培養正確的性態度，建立正確、健康的性價值觀。正確、健康的性價值觀的普遍建立，必然使社會生活更科學、更文明、更愉悅，也必將使整個社會的性風氣得以淨化和提高。

總之，性教育既是對孩子的知識性教育，更是人格的教育，是現代人必須接受的教育。把性知識教育與性道德教育結合起來，把性生理知識與性心理知識結合起來，把性心理健康教育與精神文明建設結合起來，幫助孩子認同自己的性別，並依據性別培養他們的性別角色意識和動情反應。對孩子的性教育不能採取簡單斥責、欺騙的態度，既要教他們有羞恥感，又要教他們尊重自己和他人的隱私。對男女性器官的差別和「我是從哪裡來的」等問題，爸爸媽媽可坦然相告，而不必諱莫如深。要讓孩子與同齡的同性、異性孩子一起玩耍，培養孩子與同齡人相處的自然而健康的態度，引導孩子樹立自尊、自愛的意識，全面建構孩子健康的人格。

二、難以言說的祕密

性教育在華人社會一直是一個令人難以啟齒的敏感話題，如何將「性」告訴孩子，是令家長和老師最為尷尬和頭疼的問題。

20世紀中末期之前，社會尚處於性封閉的時代，封閉的性資訊來源並沒有阻止住人們討論性問題的熱情，相反，它以一種隱晦、壓抑、地下的方式悄悄地在社會的陰暗處流轉。這種方式，給所有的性資訊都附加上了黑暗、淫穢的色彩，以至於人們談「性」色變，更毋論對處於成長中的孩子進行科學的性教育。所以，當時的孩子很難接受到正式、系統的性教育，處於性知識貧乏、性教育觀念陳舊的狀態。這種狀態，給很多孩子的成長道路塗上了灰色基調，甚至為他們成年後婚姻、家庭生活的不幸埋下了伏筆。

幸運的是，隨著社會經濟、文化的不斷進步和發展，人們對與性相關問題的態度逐漸開放，認識逐漸科學。然而，由於受到各種環境因素的限制，性教育仍然處於探索階段。

首先，社會文化因素的牴觸和誤解，導致對孩子的性教育無法正常開展。在現階段，對孩子進行性教育常常遇到來自社會文化因素方面的牴觸和誤解，例如，糾纏於「科學」與「黃色」的界限問題、面臨「性教育＝性解放」的困惑、性教育體制的缺失等，使得性教育難以進入學校的常規教學體系，從而很難利用學校開展針對孩子的性教育活動。

其次，性教育觀念的陳舊落後，導致對孩子的性教育步入誤區。至今很多人仍然認為，性教育就是「問題教育」，對於沒有「問題」的孩子，千萬別「喚醒」他們，這是性教育的一個常見誤區。正如英國大哲學家羅素所言：「迴避絕對自然的東西，就意味著加強，而且是以病態的形式加強對它的興趣，因為本能的力量與禁令的嚴厲程度是成正比的。」

再次，專業的性教育工作者數量匱乏，難以組織力量對孩子的性教育進行有效的指導。著名性學專家彭曉輝教授認為：「開展中小學性教育的教師應具有一定的資質，應能夠接納自己的生物性別，具有良好的性心理素質和正確的性社會角色，還應有科學、健康、文明的性觀念。在性教育過程中，教師應能夠在學生面前表現得輕鬆自如，能夠很自然地運用科學的性語言系統，還必須具有廣博的性文化知識。」當前，中國中小學性教育教師很難完全符合上述要求，而且，很多中小學性教育教師主要是生物課教師，他們通常比較缺乏系統的性科學知識和基本的性文化素養。

最後，在家庭教育中，家長普遍單純地關注孩子的學習成績，而對於孩子的性教育大多是視作洪水猛獸或者認為可有可無，生怕把孩子教壞或者覺得沒有必要，採取不聞、不問、不答的選擇性忽視態度。

因此，我們無奈地看到：在孩子的成長過程中，學校的性教育基本缺位，家庭的性教育又沒有跟上。在 21 世紀的社會，仍然有很多孩子缺乏機會去接受主流渠道的、專業系統的性教育，從而錯失接受性教育的最佳時機，嚴重影響了孩子對性的正確認識和科學、健康的性觀念的建立。這種狀況助長

了孩子的好奇心，導致了孩子在性教育方面處於被迫的「無師自通」「自學成才」境地。

三、他山之石，可以攻玉

英國大哲學家羅素曾經說過：「世界上一切無知都是令人遺憾的，但對性的無知，則是極其危險的。」受傳統文化、思維方式、價值觀、宗教信仰和種族等因素的影響，世界各國開展性教育的態度和觀點差異較大。

中國古人對性和性教育的態度較為開放。早在《詩經》中就有涉及男女愛情的內容，這可以視為中國性教育的發端。東漢建初四年（公元79年），班固整編的《白虎通德論》也非常重視性問題，並規定在學宮「辟雍」中開展性教育，這是中國最早的學校性教育。後來，由於受到「男女有別」「存天理，滅人欲」等封建意識的影響，中國的性教育經歷了禁閉期。接下來，因為受到經濟、文化進步的影響，中國的性教育又迎來了興起期並很快步入了快速發展期。但遺憾的是，中國至今仍沒有完善的性教育課程標準、恰當的性教育課程內容、適合的性教育目標與權威的性教育教材。

他山之石，可以攻玉。我們可以梳理美國、瑞典等國家性教育的發展歷程並借鑑和吸收其中的經驗、教訓，以便為中國性教育獲得良性發展提供借鑑。

美國是最早開展性教育的國家之一，具有豐富的性教育經驗和鮮明的性教育特色，是世界上許多國家學習和借鑑的對象。儘管美國性教育的理性、務實性和可操作性對降低青少年的性犯罪率、墮胎率以及青少年個人的健康發展造成了積極的推動作用，但美國的性教育同樣經歷了探索、失敗、成熟的過程。19世紀80年代，部分社會團體舉辦性教育講座，開啟了美國性教育的先河；20世紀60年代，由於受到「性解放、性自由」思潮的影響，美國進入了「無指導性教育」階段，導致了青少年的性交率、少女懷孕率、愛滋病感染率上升；80年代中期，美國採用「較安全性教育」的模式，以期改變「無指導性教育」階段不堪的現狀，但收效甚微；進入21世紀後，美國政府撥款倡導「禁慾性教育」，強調對青少年進行性道德的教育，倡導青少

年在婚前保持性純潔，至於具體效果如何仍待調查檢驗。從歷史的觀點來看，美國形成了以《綜合性學校性教育指導綱要》為藍本的綜合性教育和以《性與人格教育全國指南》為藍本的禁慾性教育相結合的性教育體系。

美國的性教育課程體系較為完備。在課程設置方面，學生從幼稚園開始接受性教育，不同年齡段的學生會有不同的性教育內容，其內容以獨立的章節出現在健康和科學課程中。在課程標準方面，各州結合自己的實際情況制定相應的課程標準、教學計劃和教學內容，編寫相應的教材，具體體現在：《社會安全法案》規範了性教育的課程，保障了性教育的有序開展；性教育課程標準以《國家健康教育標準》為藍本，細化了性教育內容和目標；民間組織制定的《綜合性學校性教育指導綱要》和《性與人格教育全國指南》對美國各州的課程標準的制定具有影響力，起著指導性作用。

美國性教育教材呈現出「一綱多本」的現象，如 Health & Wellness ，Health Decision 。各州可以採用國家版本，也可以結合實際情況編寫本州的版本，如 Texas Edition 。

另外，美國性教育在完整的學校性教育體系的基礎上，又擁有各州、各社區設立的由社會諮詢、心理、婦產、男科等專家組成的青年門診，免費向大眾開放諮詢和治療活動，完善了社會性教育體系，具有借鑑意義。

瑞典的性教育較為成功。瑞典是世界上第一個推行學校青春期性教育的國家。1933 年，瑞典人埃莉斯·奧特森 - 詹森聯合熱衷於社會事務的醫生、職業工會者以及政治活動者，共同創辦了世界上第一個非政府組織的全國性教育組織——RFSU，即瑞典性教育協會。該協會推動著瑞典性教育的蓬勃發展。瑞典政府也在實施一系列的政策和法律推動著性教育向前發展，如 1938 年避孕做法合法化，1942 年性教育成為選修課，1944 年從犯罪條款中刪除同性戀，1955 年性教育成為必修課，1956 年制定全國九年一貫制學校性教育教學大綱，1998 年制定全國預防性病和愛滋病的政策法規等，保障了性教育的順利實施。

20 世紀 50 年代，瑞典從不能公開談性轉向在中小學校開設性教育課程，強制推行性知識教育，明確規定性教育的任務、目的、內容、原則、方法等，

做知「性」父母：性教育家長自助手冊

第一章 幸福人生，從「性」開始

根據不同的年齡段採取有選擇的和靈活的性教育。進入20世紀70年代，瑞典開始實施新的性教育大綱，並在1977年出版的新版性教育教師手冊《可以真實感受的愛》中明確要求教師傳授「性忠誠是一種責任」「積極反對淫穢物品泛濫的人類墮落現象」等道德準則。經過幾十年的努力，瑞典性教育強調道德範疇重要性的做法取得了顯著成效，其成功之處在於：從幼兒開始實施性教育，強調責任心和體諒心在人際關係中的重要性。

透過對美國和瑞典兩個發達國家性教育的發展歷程及其經驗教訓的分析，我們認為，性教育有必要開展。正如世界衛生組織防止愛滋病計劃項目的調查結論：性教育並沒有引起早期性行為，相反，對性的無知反而會造成性病、違願懷孕、流產、性焦慮等。性教育貫穿於人的一生，應該及早開展。世界衛生組織（WHO）和聯合國愛滋病規劃署（UNAIDS）對國際上50個相關研究的回顧分析，證實了開展性教育可以達到延遲性行為年齡、減少青少年性病和意外妊娠的目的。

因此，我們有必要在觀念上意識到性教育的重要性，在實踐上及早開展性教育，在性教育體系上制定翔實、完備的性教育課程體系或指南，借助國家、民間組織、學校、家庭等力量形成合力，為性教育的有效開展提供條件。

四、性教育，愛先行

性教育是愛的教育，沒有愛的性教育，是無源之水、無本之木。

孩子是爸爸媽媽愛情的結晶，是爸爸媽媽愛情的昇華和實體化。在幸福的家庭裡，孩子的出生都伴隨著爸爸媽媽由衷的喜悅，孩子的每一點成長和進步都有爸爸媽媽如影隨形的關愛。如果不是因為愛，爸爸媽媽無須擔心孩子在成長道路上可能遇到的坎坷；如果不是因為愛，爸爸媽媽無須掛念孩子的喜悅與憂傷；如果不是因為愛，爸爸媽媽不必為孩子成長的煩惱而憂心忡忡。所以，性教育的起點，正是基於爸爸媽媽對孩子發自肺腑的關愛。

成功的性教育要求爸爸媽媽對孩子進行無條件的、積極的關注，關注孩子的生長發育，關注孩子的情感經歷，關注孩子心存疑問的一切。現代社會

生活節奏快，爸爸媽媽面臨著各種各樣的壓力，只有以對孩子的深切關愛為基礎，爸爸媽媽才能做到在繁重的工作、家庭事務之中，分出精力來對孩子進行全方位的關注。所以，每一位認真閱讀本書、準備對孩子進行科學性教育的爸爸媽媽，都是值得稱讚的。

家庭性教育是一個長期的、循序漸進的過程。那種認為性教育只需要在孩子成長的「關鍵時候」做一次「重要的談話」就可以高枕無憂的想法是令人擔憂的。性教育不是一蹴而就的，從孩子出生開始，每一次撫觸，每一次沐浴，每一次更換尿布，每一次回答孩子尷尬問題的親子互動，都可以看作性教育的一部分。性教育應該融入爸爸媽媽對孩子日常的護理、養育和互動過程中。

家庭性教育應該注意教育時機的把握。正如美國著名的性治療專家皮爾薩博士曾經說的：「鄭重其事地談性注定是要失敗的。」那麼，應該如何去和孩子談「性」和說「愛」呢？應該抓住什麼樣的時機去和孩子討論性問題呢？應該從什麼角度和孩子談論性問題才是恰當的呢？相信隨著閱讀的深入，你的這些問題都會在本書中找到答案。

另外，需要提醒爸爸媽媽的是，對孩子進行性教育也要注意把握「度」的問題，儘量做到恰到好處，而非過猶不及。對不同年齡段的孩子採用不同的溝通方式，對低齡的孩子儘量使用直觀的、生活化的、孩子能夠聽懂的語言去解釋相關問題。同時，還要注意拿捏好性教育的尺度，不隱瞞，也不過度直白，這是年輕的爸爸媽媽需要掌握的技巧。

下面，讓我們一起來釐清家庭性教育中常見的一些認識上的誤區。

第一，「我的孩子還小，還在看動畫片呢，不懂這個。」幼兒期是進行性教育的重要時期，爸爸媽媽可以從小引導孩子走出盲目、好奇的負面性資訊的誤區，教會孩子用理性的態度正確對待負面性資訊，以免出了問題後望洋興嘆、悔不當初。

第二，「我的孩子對性不感興趣。」性生理是每個孩子必然要發展和經歷的，孩子對自己身體的發育、變化心存疑慮也是必然的。但是，並非所有

的孩子都會採用口頭表達的方式來和爸爸媽媽溝通自己的困惑，孩子的沉默不應該成為爸爸媽媽不關注孩子性教育的理由。越是不善於表達自己困惑的孩子，爸爸媽媽越應該積極地創造機會與其溝通相關的問題。

第三，「這個小孩子，也不看看場合，這種問題是能當眾問的嗎？」當孩子在公眾場合提出有關性的問題時，爸爸媽媽容易惱羞成怒，進而粗暴地對待這些問題和提問的孩子。孩子向爸爸媽媽提出問題，這是孩子對爸爸媽媽的信任和依賴，爸爸媽媽應該為此感到高興。學會區分提問場合，這是一個複雜、漫長的過程，爸爸媽媽要有充分的耐心幫助孩子掌握這一能力。要充分相信孩子，他之所以會向你提問，是因為他信任你；他不分場合，是因為他還不會對不同場合進行區分，並非是要冒犯你或者讓你難堪。爸爸媽媽的斥責、打罵，不僅無助於孩子問題的解決，而且容易造成孩子的怯懦行為和親子溝通障礙。

第四，「我覺得我的孩子能自然地走過去，因為我們沒人教，不也過來了。」爸爸媽媽受自身性教育知識局限性的影響而存在僥倖心理，逃避性教育，這種心態不利於對孩子的成長進行全程監護，也無法有效地指導、幫助孩子良性發展。

第五，「我的孩子生活環境很單純，沒必要讓他知道這些。」在資訊爆炸的今天，爸爸媽媽不可能一廂情願地不讓孩子接觸性資訊，堵不如疏，因此，爸爸媽媽應積極、主動地為孩子提供正確的引導。

第六，「學校有性教育課程，爸爸媽媽不便和孩子談性。」進行性教育的最佳方式是機會教育，學校提供的是面向大眾的公共教育，它無法實現對每一個學生的機會教育。所以，家庭應該在這個時候發揮重要作用。在孩子面對與性有關的困惑時，爸爸媽媽應該認真觀察，仔細分析原因，進行有針對性的溝通和指導，而非將性教育的責任推給學校，錯失性教育的最佳時機。

第七，「讓孩子了解性的細節，可能誘發孩子去模仿。」其實，恰恰是行為和細節揭開了蒙在性上的神祕面紗，淡化了孩子對性的好奇，避免了孩子的盲目嘗試。

對孩子進行性教育是一個長期的過程，年輕的爸爸媽媽任重而道遠。

五、孩子的性成長路線圖

有關孩子性心理發展的模式問題，見仁見智。著名的心理學家佛洛伊德將人類心理性慾的發展劃分為五個階段，即口唇期（0～1歲）、肛門期（1～3歲）、性器期（3～5歲）、潛伏期（5～12歲）、生殖期（從12歲開始）。該理論既提出了心理性慾發展階段的劃分標準，又具體規定了分期，具有相當的學術價值，但也引來了許多批評，如對嬰兒的性慾問題、嬰兒的口唇快樂和排便快樂等性慾假設的質疑。編者批判性地吸收了佛洛伊德的性心理學理論，並借鑑中國有關的研究成果，將孩子的性成長路線圖劃分為六個階段，即嬰兒期、幼兒期、兒童期、少年期、青春期以及青年初期。

嬰兒期是指0～2歲的年齡段，是小孩出生後生長發育最迅速的時期。在此階段，嬰兒有了主體我與客體我的自我意識，爸爸媽媽應該多與孩子交流，對孩子充分關愛，給孩子安全感，讓孩子享受到滿足感，體驗到成就感，使孩子積極、健康地發展。

幼兒期是指3～5歲的年齡段。在這個時期，幼兒智力的發展非常迅速，活動的範圍擴大，接觸的社會事物增多，語言、思維和社交能力得到明顯發展。這個時期是孩子特殊才能開始表現的時期，也是孩子個性、品質開始形成的時期。孩子對外界環境產生好奇心，喜歡模仿，對客觀事物的認識與情感多樣化，容易產生同情感、榮譽感、信任感。這個時期孩子個性的形成是以後個性發展的重要基礎。

兒童期又稱童年期，是從幼兒期結束到小學中低年級段。這個時期的孩子對周圍事物有著強烈的興趣，好奇、好動、好問，喜歡模仿成人的舉動，具有強烈的自我意識，要求獨自活動，但他們的知識、經驗和能力有限，故常與願望產生矛盾。

少年期又稱學齡中期，大致是指 11～15 歲的時期，是從童年期向青春期發展的一個過渡時期。這個時期的孩子處於半幼稚、半成熟的階段，具有獨立性和依賴性、自覺性和幼稚性錯綜矛盾的特點。

青春期是指以生殖器官發育成熟、第二性徵開始發育為標誌的、初次有繁殖能力的時期，大致在 10～18 歲之間，且女孩一般比男孩早 2 年。青春期是人由兒童逐漸發育成為成年人的過渡時期，是人體迅速生長發育的關鍵時期，也是繼嬰兒期後人生第二個生長發育的高峰。

青年初期是指 18～22 歲的年齡段。處在這個時期的青年人，身體發育已經完成，各項生理指標都已經達到成人標準。他們中的多數人仍然在學校接受大學教育，雖然擁有成人的身體，但他們在對愛情、婚姻和與性相關問題的思考方面仍然顯得十分稚嫩。

總之，在面對性教育現實的尷尬、孩子性教育迫切之時，我們有必要思考如何根據孩子的性心理發展特點，在恰當的時機，運用合適的方法向孩子傳遞正確、健康的性知識和相應的性價值觀，使他們養成正確地看待性問題的習慣，能夠辯證地解決自身所遇到的性心理問題，理性地處理愛情與性行為、婚姻與家庭、個人與社會之間的關係，從而為獲得幸福的人生打下堅實的基礎。

第二章 生而有「性」

▍一、為什麼性教育要從「0」開始

性教育貫穿於人的一生。

親愛的爸爸媽媽，你是否還記得寶寶出生的那個幸福時刻呢？寶寶的到來，讓爸爸媽媽和三姑六婆激動不已！這時，親友的第一個問題大多是：「男孩還是女孩？」緊接著，大家因孩子性別的不同自然而然地延伸著不同的反應，他們稱呼小男孩為「小夥子」「小哥兒」，希望男孩勇武有力；稱呼小女孩則是「小甜甜」「乖乖」，希望女孩可愛、討人喜歡。那麼，親愛的爸爸媽媽，你真的已經做好為人父母的準備了嗎？你了解寶寶的身心發展特點嗎？

0～2歲屬於嬰兒期。嬰兒期是人一生中生長發育最為迅速的時期，也是心理發展的第一個非常重要的時期。這個時期寶寶的動作能力和認知能力發展迅速，尤其是手的抓握能力和獨立行走的能力，他們開始主動探索和認識周圍的事物。例如，出生3個月的寶寶會隨意地揮動「拳頭」，出生6個月的寶寶看到搖晃的玩具會伸手去抓，1歲的寶寶總想走來走去……

嬰兒的感知覺是認知發展中最早發生與最早成熟的，也是嬰兒認識自己和外界的開端。

在視覺方面，出生12～48小時的寶寶可以進行視覺追蹤（如看著媽媽離開），出生24～96小時的寶寶能察覺移動的光，出生15天的寶寶具有顏色辨別能力，出生3週左右的寶寶的視線開始集中到物體上，出生3～4個月的寶寶的顏色辨別能力基本上趨近成熟水平。

在聽覺方面，出生1天的寶寶就有聽覺反應，能區別不同的音高，對語音的感知能力十分敏感，對媽媽的聲音尤為偏愛；出生2～6個月的寶寶能夠辨別音樂的旋律和曲調；出生6個月左右的寶寶會出現表達愉快的身體動作；1歲左右的寶寶已經能伴隨著音樂節拍做身體動作。另外，初生嬰兒就

有聽覺定位能力，能將頭轉向聲源方向。當聲音和視覺刺激來源於不同的方向時，寶寶多傾向於注視聲音來源的方向。

在味覺方面，新生寶寶能以面部表情和身體活動等方式對甜、酸、苦、鹹四種基本味道做出反應。

在嗅覺方面，寶寶的嗅覺功能在其出生的 24 小時後就有所表現，並能夠形成嗅覺的習慣化和嗅覺適應。出生 1 週的寶寶能夠辨別不同的氣味，並且表現出對母體氣味的偏愛。

在膚覺方面，寶寶剛一出生就有溫覺反應，早期就有痛覺反應，但比較微弱和遲鈍。

在空間知覺方面，出生 3 個月的寶寶已經有分辨簡單形狀的能力，偏愛具有一定複雜程度的、訊息量多的圖形，不喜歡沒有圖案的東西。比如，寶寶喜歡「逛超市」，對顏色豐富、形狀各異的商品興趣盎然。

在記憶方面，出生 2～3 個月的寶寶建立起的記憶可以保持 30 天之久；出生 3～6 個月的寶寶學習和掌握的知識和技能可以保持數天或數週；出生 6～12 個月的寶寶出現「認生」現象，除家人外不再喜歡讓別人抱。

在思維方面，嬰兒的思維處於感知運動階段，即嬰兒的思維依靠動作進行，不能離開動作而思考。所以，寶寶的動作是其思維的起點，也是其解決問題的手段，並具有某種交往功能。

在語言方面，寶寶語言的發展要經歷漫長的過程。寶寶在 0～4 個月時能簡單發音；4～9 個月時可以發多音節；9～12 個月時咿呀學語，可發有意義的語音；3 歲時基本上能掌握母語的全部發音。在詞彙方面，寶寶在 1～1.5 歲時獲得第一批詞彙，詞彙量在 50 個左右；到 3 歲時，詞彙量達到 1000 個左右。在句法方面，寶寶在 2 歲左右是獲得母語基本語法的關鍵時期。1～1.5 歲的寶寶能夠使用不完整句，如單詞句、雙詞句、電報句；1.5～2 歲的寶寶能夠使用完整簡單句和一定程度的複雜句；3 歲的寶寶基本上能夠使用完整句。

隨著動覺、視覺、觸覺等多種感覺的協調活動，寶寶透過感知覺獲取周圍環境的訊息，並具備了了不起的對外界刺激做出反應與適應環境的能力。

孩子從出生的那一天起，就必然帶著性別差異的標籤，按照各自的性別角色慢慢長大，並形成有關性和性別的觀念。從乳名、玩具、衣服到親子遊戲，寶寶從一開始就男女有別。如果有人疑惑：「性教育應該從什麼時候開始？」答案是：「從出生時開始。」也就是說，性教育應該而且必須從零歲開始。

二、給寶寶細膩入微的愛

在性心理的發展過程中，嬰兒期是寶寶對自身性別認識的關鍵時期。在這個時期，爸爸媽媽對寶寶的日常護理和親子互動等方面的態度和行為模式，將直接影響寶寶性心理的發展。

「知己知彼，百戰不殆。」為了更好地幫助寶寶形成健康的性心理，請爸爸媽媽一起來了解一下嬰兒期寶寶的性意識，尤其是性別意識發展的軌跡吧！

4～12個月的寶寶學會了根據聲音、髮型，簡單地區分男性與女性。他們似乎已經懵懂地意識到，短頭髮的、聲音低沉的是爸爸，長髮披肩、聲音柔和的是媽媽。

14～22個月的男寶寶已經表現出對卡車、小汽車的偏愛，女寶寶則更加喜歡洋娃娃和其他柔軟的玩具。當然，這些都是建立在前期爸爸媽媽對寶寶衣著、態度等方面有意無意的「訓練」上。

幾乎所有的2～3歲的孩子都能正確地說出自己是男孩還是女孩，不過，讓他們相信性別不能改變這一事實恐怕還需要一些時間。這個年齡段的寶寶對性別差異充滿興趣，但他們更喜歡與同性寶寶接近和玩耍，也會注意到異性寶寶與自己的不同之處。

透過上面的介紹，爸爸媽媽應該已經了解：寶寶的性意識不是在某一時刻突然出現的，而是從出生開始一點點發展而來的。那麼，爸爸媽媽請趕緊參與到寶寶性意識發展的歷程中來，讓寶寶在無微不至的關愛中成長吧！

在這個階段，爸爸媽媽要有意識地做以下一些事情：

● 讓寶寶感受自己的身體以及別人的身體

寶寶的這種感受主要是由媽媽撫育時的態度和方式決定的，也就是由媽媽對寶寶撫摸、摟抱等身體接觸及體溫傳遞的質和量決定的。良好的身體接觸方式可以讓寶寶產生愉快的、安全的、可信賴的體驗；反之，則可能讓寶寶形成不愉快的、不安全的甚至是危險的體驗。這種在嬰兒早期「母子共生」階段媽媽和寶寶之間身體的互相接觸，會使寶寶產生信任感，進而影響到日後對別人的信任感，從而決定孩子的一生能否與人和睦相處。

● 讓寶寶感受人們對不同性別的態度

新生兒從呱呱落地起，在行為上就顯現出性別的差異。比如，男寶寶的肌肉較為發達且多動；女寶寶則常「啊、啊」發聲、微笑（自發地，甚至在睡眠時），其觸覺也較男寶寶更為敏感。

家人對男寶寶和女寶寶的態度以及照顧方式往往不盡相同。比如，人們會把男寶寶舉得高高的逗弄，而對女寶寶的逗弄方式則輕柔得多。男寶寶哭泣的時候，爸爸媽媽常說的一句話是：「別哭了，男子漢大丈夫，勇敢些啊！」而對女寶寶則常常說：「好了，不哭了，寶寶再哭，爸爸媽媽的心都碎啦！」男寶寶會被穿上藍色、綠色或者黑色等偏向冷色調的衣服，而女寶寶的著裝常常以粉紅、大紅、橘色等暖色調為主。有些媽媽甚至會給男寶寶穿藍色的紙尿褲，而給女寶寶穿粉紅色的紙尿褲。家人對不同性別寶寶的不同行為、態度及耐心程度，會促使寶寶形成不同的行為特點，如長大後男孩隱忍、堅強，女孩溫柔、細心。

● 讓寶寶由自己的身體領會男女的不同

女性的性器官大多長在體內，從外面看不到，感覺也不集中；男性的性器官大多長在身體外，看得見，摸得著，感覺也較集中。這就使得男寶寶和

女寶寶會自發地形成性別上不同的自我概念，即不同身體部位的存在、空間位置的分布和各部分之間的關係的感覺，以及不同的性態度。

從寶寶出生的第一天起，爸爸媽媽就用不同的態度來看待男寶寶和女寶寶。對男寶寶，爸爸媽媽盼望其長得聰明健康，壯實一些，個子大一些；對女寶寶，爸爸媽媽則盼望其長得眉清目秀，容貌好看一些。爸爸媽媽的態度，無意中在孩子身上建立起了一種對性別角色規範的「條件反射」，也加強了寶寶對自己身體的領會。

總之，在嬰兒期，寶寶喜歡身體上的接觸（如擁抱、撫摸等）。嬰兒期是形成信任及良好親子關係的最佳時期，也是寶寶獲得自身性別身分認同的最佳時期。這種自身性別身分的認識過程，即認識自己是男孩還是女孩的過程，會一直延續到幼兒的早期。在通常情況下，1～2歲的孩子已經能夠認識到自己是男孩還是女孩。這樣，性別身分即告形成，而且深深印入腦海。

三、寶寶不會說，爸爸媽媽你要懂

1. 愛他，你就抱抱他

窘窘小劇場

小然然出生在 11 月，他的到來讓全家人忘卻了初冬的寒冷，喜悅之情不言而喻，連換尿布、洗尿褲之類的事情大家都搶著做。小傢伙也很爭氣，大口地吃奶，飽飽地睡覺，真是一天一個模樣，在月子裡足足長了 2.5 公斤。照這樣的勢頭，過不了多久，他就是名副其實的大胖小子了！

然而，好景不長，接下來這個小傢伙就讓全家人吃盡了苦頭。

原來，兩個月大的小然然變成了「夜貓子」。每到晚上 10 點多，全家人正準備進入夢鄉時，小傢伙就醒了，不僅如此，還哭鬧不止，有時候甚至斷斷續續到凌晨兩三點。讓人頭疼的是，天氣越來越冷，小然然醒了之後也不吃奶、不睡覺，必須得開著燈抱著他到處溜達。更讓人鬱悶的是，大人抱

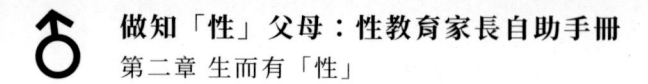

累了想坐一會兒，誰知屁股還沒挨著沙發，小傢伙就哇哇大哭，大人只好咬著牙開始新一輪的溜達。

剛開始，大家都覺得小傢伙過段時間作息時間就正常了，誰知都一個月了，這「深夜的溜達」還是必修課。鄰居和親友紛紛出主意，有人說作息時間反了要調整，有人說缺礦物質元素要補充，有人說被什麼東西嚇著了得關邪⋯⋯不管這些主意對不對，只要有一點希望，家人都不放棄嘗試。於是，大家白天多逗著小傢伙玩，讓他把覺留到晚上睡；去醫院檢測微量元素，顯示正常；連闢邪的狗牙都給小傢伙戴在了手腕上⋯⋯唉，效果都不明顯。

折騰快兩個月了，白天要上班的爸爸和年邁的奶奶都快扛不住了，產假即將結束的媽媽也憂心忡忡。什麼時候小然然才能不折騰大家呢？這樣下去孩子的生長發育會受影響嗎？按需餵養，冷暖適宜，也沒有生病，問題到底出在哪裡呢？

親愛的爸爸媽媽，你是否也像小然然的家人一樣在家也得「上夜班」？你的寶寶是否也會無緣無故地哭鬧不止？你是否也在為寶寶的作息時間感到擔憂？你是否也嘗試了各種辦法卻未能改善寶寶的哭鬧狀況？

爸爸媽媽快速反應指南

私人專家課堂

親愛的爸爸媽媽，讓我們換個角度，一起來分析和解決寶寶的問題吧！

小然然夜晚哭鬧確實讓大家覺得煩惱和擔憂，但我們不禁會想：大人都堅持不下去了，寶寶還能每晚哭鬧，體力也太好了吧！沒錯，這說明小然然已經在白天養精蓄銳了。那麼，為什麼白天小然然不會這樣哭鬧呢？

大家都知道，順應自然規律和多年的行為習慣，成人基本都養成了夜晚睡覺恢復體力、白天精力充沛以便工作的生物模式。照顧孩子也一樣，白天成人有更多的精力，或者說能更真心地與孩子玩耍、交流和擁抱，而深夜照顧孩子會更多地想到「怎麼還不睡呀，我都睏了」「快睡吧，很晚了」⋯⋯似乎對於成人來說，孩子白天是個「寶」，晚上卻成了「累贅」。試想，你

們對「累贅」的態度是什麼樣的？不出意外的話，應該是嫌棄、厭惡和逃離。那麼，感受到嫌棄、厭惡和逃離的寶寶還能安心入睡嗎？這就是為什麼大人覺得自己已經盡力「哄」了，而孩子卻哭鬧不止的原因。孩子對照看者的依戀遭到干擾，感覺到不安全，所以用哭鬧來發洩不安和不滿。

依戀是一種心理傾向，對它的研究起源於對動物的觀察和實驗。讓我們一起來了解一下有關依戀的實驗，以便更好地理解寶寶的依戀是怎樣形成的吧！

發展心理學家亨利·哈洛與合作者以恆河猴為研究對象，探索依戀理論。在實驗中，幼猴在出生後不久即被與母猴分離。然後，實驗者向幼猴提供兩個玩具母猴作為母猴的替代物。第一個玩具母猴由鐵絲網做成，第二個玩具母猴由毛巾布和泡沫橡膠做成，兩個玩具母猴都在胸部附加奶瓶，供幼猴取食。觀察發現，幼猴會依附於軟布做的玩具母猴，無論它是否提供食物，並且當軟布玩具母猴在附近時，幼猴有更多的探索活動。顯然，玩具母猴向幼猴提供了一種安全感。不過，毫無生機的玩具不足以替代真實的母猴。在成長過程中，隔絕於其他猴子的幼猴，在社會情境中會表現出反常行為，或非常恐懼其他猴子，或無緣無故地攻擊其他猴子。在隔離狀態中長大的母猴，經常會忽視或虐待自己的幼猴。這些反常行為顯示：進一步的社會性成長依賴於與媽媽的紐帶。

哈洛的發現對當代的育兒理論產生了極大的影響。許多孤兒院、社會服務機構、愛嬰產業都或多或少地依據哈洛的發現調整了自己的行為。現在，醫生知道將新生嬰兒直接放在媽媽的肚子上；孤兒院的工作人員知道僅僅向嬰兒提供奶瓶是不夠的，還必須抱著他來回搖動，並且要對他微笑。正如哈洛所說：「作為一個感情變量，早期哺乳行為使嬰兒與媽媽之間經常發生親密的身體接觸。顯然，人是不能僅僅依靠乳汁來生活的。」

母猴的關愛和包容對猴子的影響如此之大，更何況人類的孩子呢？恆河猴的依戀實驗告訴我們：比起提供食物，對孩子的撫觸與安慰更重要！孩子的依戀遭到破壞，不只表現為哭鬧，還可能出現冷漠、攻擊等行為，甚至會影響長大後同伴關係、戀愛關係的建立以及今後對待子女的態度和方式等。

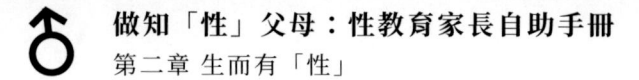

成功養育的關鍵是撫觸與安慰，不僅是媽媽，爸爸在養育嬰兒方面也能造成相同的作用。

請你跟我這樣做

現在你應該意識到，寶寶「不好帶」可能是由於你正扮演著一位「鐵絲媽媽」或「鐵絲爸爸」的角色。不必慌張，足夠的重視和適當的行動足以讓寶寶重新建立起安全的依戀。

● 重視寶寶敏感期的母子接觸

寶寶出生後短短 15 分鐘的母子接觸對寶寶的影響很大，這種影響甚至可以延續到兩年以後。因為寶寶從母體來到世上會特別警覺，對外界的刺激尤為敏感。此時在對孩子稍做處理之後馬上進行母子接觸，透過媽媽愛的撫慰和擁抱能讓新生兒感受到媽媽的溫暖和愛。同時，媽媽與新生兒的早期接觸，能激發媽媽對孩子的關注和愛，使媽媽盡快進入角色，熟悉孩子，有利於在短時間內建立起良好的親子關係。

● 經常保持母子親密的身體接觸

孩子出生後，不僅需要物質的滿足，還需要愛的撫慰和觸摸，而來自媽媽溫暖的、無條件的、源源不斷的愛與接觸，不僅能滿足孩子成長過程中安全的需要，也有助於孩子今後多種人際關係的發展。

● 爸爸媽媽要擔負起親自撫育子女的責任

現在，一些年輕的爸爸媽媽由於工作忙或者自身獨立生活能力差等原因，將自己的孩子託付給長輩照顧。從孩子的角度來看，與媽媽的分離使其在早期失去了其他任何感情都無法彌補的母愛。同時，早期的母子分離，會使媽媽對孩子產生隔閡，這種隔閡也會嚴重影響孩子的成長。因此，當孩子降臨於世，爸爸媽媽就要適時地履行責任，切實地承擔起撫育孩子的任務。

多抽出一點時間，好好地陪伴、教養自己的寶寶，不僅對寶寶的生長發育十分有利（如增強免疫力，增進食物的消化和吸收等），還能減少哭鬧，

增加睡眠。更重要的是，寶寶可以透過這種交流獲得安全感，長大以後會較少出現攻擊性行為，成為樂於助人、受歡迎的人。

為了擁有一個陽光、樂觀、健康的寶寶，爸爸媽媽從現在開始，充滿愛意地給寶寶擁抱、撫觸和呵護吧！

嘮叨詞典

依戀

依戀一般被定義為嬰兒和他的照顧者（一般為爸爸媽媽）之間存在的一種特殊的感情關係。它產生於嬰兒與其照顧者相互作用的過程中，是一種感情上的聯結和紐帶。

心理學家艾斯沃斯等透過陌生情境研究法，將嬰兒的依戀分為三種基本類型：安全型依戀、迴避型依戀和反抗型依戀。

他山之石

研究表明，爸爸媽媽和嬰兒同床睡能夠保護嬰兒的生存和健康。在亞洲，爸爸媽媽和嬰兒一起睡是普遍的做法，這些地區的嬰兒死於猝死症候群的很少見。在美國和其他西方國家，爸爸媽媽和嬰兒一起睡的比例也在顯著上升。

2. 不該光著的小屁股

窘窘小劇場

小新媽媽很困擾，由於產假結束，她即將要返回工作崗位，不得已請自己的媽媽，即小新的外婆來看孩子。原想著，自己的媽媽來幫忙，交流、溝通比較方便，沒想到，老人家來的第一天就和自己起了激烈的衝突。原因是：小新媽媽從孩子出生起就一直給孩子用紙尿褲，外婆一看不樂意了，非要給孩子取下來，說紙尿褲不透氣，捂著屁股長痱子，要麼換成舊布條做的尿片，要麼就乾脆光著，反正是男孩，光屁股也沒啥，還可以早點開始給孩子把尿。小新媽媽不同意，覺得用尿片不衛生，每天洗、曬、燙十分麻煩；光著屁股

不雅觀，也很不衛生；再說孩子還小，神經系統發育不完善，現在給孩子把尿有害無益。娘倆誰也說服不了誰。

苗苗是個可愛的小姑娘，3歲就上了幼稚園。這一天，媽媽像往常一樣給苗苗沖涼，卻意外地發現孩子陰部擦破點皮，就問苗苗怎麼回事，苗苗的回答讓媽媽如臨大敵——她說是幼稚園睡在她旁邊的一個男孩弄的。還好後來給苗苗檢查沒什麼嚴重的問題，男孩的家長也再三道歉。但苗苗媽媽心裡卻始終放不下，不管是苗苗還是那個男孩都還那麼小，男孩怎麼會出現這樣的行為？苗苗今後要怎樣保護好自己？

今年暑假，大梅帶著自己的雙胞胎兒子回娘家住了幾天。兩個寶寶性格開朗，很招人喜歡，尤其是老大，胖嘟嘟、笑瞇瞇的。可是，有一天，老大忽然哭著向媽媽告狀：小區的保安叔叔拍打他的屁股。大梅趕緊去了解情況。原來，那個叔叔看到老大穿著開襠褲，顛著胖嘟嘟的小屁股跑來跑去的，十分有趣，忍不住用手輕拍了一下。

親愛的爸爸媽媽，你是否也正在遭遇同樣的尷尬或困惑？為了紙尿褲的穿與不穿跟家中長輩爭執不休，還要應付諸如「媽媽，我不要穿褲子」「媽媽，××捏了我的屁股」等嚇人的問題。作為孩子的至親和保護者，爸爸媽媽準備好應對策略了嗎？

爸爸媽媽快速反應指南

私人專家課堂

親愛的爸爸媽媽，提到性和性器官，你是否會略顯尷尬，甚至迴避？

在傳統的中國社會中，人們對於性或性器官存在著兩種非常矛盾的態度：一方面，對性、性器官或性行為的提及和談論就是「洪水猛獸」「無恥流氓」，以至於對孩子提出的「媽媽，我是從哪裡來的」這樣的問題都要撒謊；另一方面，對幼兒穿著開襠褲、公然暴露性器官的現象安之若素，甚至普遍認為，小孩子嘛，不穿開襠褲穿什麼。

這樣一方面避諱對孩子進行必要的性教育，另一方面讓孩子穿著暴露性器官的開襠褲，真的沒有問題嗎？

孩子穿著開襠褲甚至光屁股，將生殖器官暴露在外，是非常容易受到病菌、塵土、異物的侵入及外力的傷害的。在兒科醫院中，有很多女寶寶由於生殖器官的炎症被爸爸媽媽帶去看醫生。導致炎症的原因，除部分是因為自身免疫系統較弱以外，很大一部分是因為外陰局部衛生狀況不佳，患兒的媽媽及保教人員不注意患兒外陰清潔，或不慎將異物（如花生米、豆類、髮夾、別針、小石頭等）塞入患兒陰道，由異物造成陰道上皮損傷而發生繼發性感染。對男寶寶來說，因為穿著開襠褲，生殖器官被外力傷害的事件也屢見不鮮，甚至有新聞報導一男童穿著開襠褲當街便溺，被寵物狗咬掉生殖器的慘劇。

還有一些不法之徒，為了滿足一己之私，利用幼兒穿著開襠褲或光屁股的便利，拍攝幼童生殖器官圖片非法散布。更有甚者，某些性變態（戀童癖）者趁著家長不備，對幼童進行猥褻。

從寶寶自身的發展來看，穿著暴露生殖器官的服裝，難以使寶寶形成對自己身體隱私部位的尊重和保護意識，更毋論對他人身體隱私部位的尊重和保護；同時，也會對寶寶羞恥心理的逐步建立構成影響。爸爸媽媽試想一下：如果孩子覺得隱私部位暴露在外是正常的，就像手腳暴露在外一樣，那麼，他還會對別人觸碰自己的隱私部位產生足夠的警惕嗎？

請你跟我這樣做

現在，爸爸媽媽是不是已經對寶寶隱私的保護有了一定的認識呢？那麼，請你跟我們一起來看看怎樣做才能更好地保護我們的寶寶吧。

● **摒棄傳統的著裝陋習，和開襠褲、光屁屁說拜拜**

爸爸媽媽不要以給孩子把尿方便為理由讓寶寶穿著開襠褲。研究發現，未滿 2 週歲的寶寶是不適合進行解便訓練的，因為寶寶的神經系統和生理功能都還沒有為此做好準備，強行把尿有害無益。

在經濟條件許可的情況下,儘量選擇透氣性好、柔軟度好的紙尿褲給寶寶使用,並且做到及時更換。更換紙尿褲時要做好寶寶小屁股的清潔工作,尤其是女寶寶,更要在擦拭便溺物時做到從前向後擦,避免髒東西進入寶寶的陰道。

如果實在不放心給寶寶使用紙尿褲,也要儘量選擇純棉質地的尿布,並且一定做到隨髒隨換,隨洗隨燙,以減少寶寶受到細菌感染的可能性。

● **爺爺、奶奶、爸爸、媽媽達成共識:別看寶寶小,人家也有隱私,而且是必須保護的**

尊重和保護寶寶的隱私,從本質上來說,就是尊重和保護寶寶的自尊心,就是尊重和保護寶寶自己。從小就在孩子的心中植入這樣的概念,有利於孩子樹立自我保護意識,特別是與性相關的自我保護意識。

家長要清楚哪些事情是幼兒的隱私,並以身作則,適時引導,如上廁所關門,不在孩子面前換衣服,不穿著過於暴露的衣物,不挑逗孩子身體的隱私部位等。

● **告訴寶寶什麼是隱私、什麼是隱私部位以及如何保護自己的隱私和隱私部位**

童言無忌是寶寶沒有隱私意識的表現,爸爸媽媽應當和寶寶多交流,直接向寶寶講明哪些事可以讓別人知道、哪些事只能自己或爸爸媽媽知道,將隱私具體化,不要隨便議論別人的隱私,營造保護自己和他人隱私的氛圍,進而讓寶寶形成保護隱私的良好習慣。

爸爸媽媽還要告訴寶寶,穿著背心和小褲褲的部位是自己的隱私部位,是不能讓別人觸摸或觀看的,包括老師和醫生。如果有人接觸或觀看了這一部位,一定要告訴爸爸媽媽。洗澡和解便要在廁所進行,當眾做這些事情是很不雅觀、很羞羞臉的。

隱私保護,從小做起。親愛的爸爸媽媽,從現在起,別再讓小寶寶穿著開襠褲、光著小屁股啦!

嘮叨詞典

隱私

在漢語中，「隱」字的主要含義是隱蔽、隱藏；「私」字的主要含義是個人的、自己的。隱私即指個人不願公開的私事或祕密。

在英語中，「隱私」一詞是「privacy」，含義是獨處、祕密，與漢語中的意思基本相同。但似乎漢語中的「隱私」一詞更加強調隱私的主觀色彩，而英語中的「privacy」一詞更加注重隱私的客觀性，這一點體現了感性的東方文明與理性的西方文明之間的差異。

聯合國《兒童權利公約》規定：「兒童的隱私、家庭、住宅或通訊不受任意或非法干涉，其榮譽和名譽不受非法攻擊。」

中國已有為治療兒童性缺陷、遺尿等疾病設置專門醫務室和病房的醫院，也出現了在成人試衣間旁單獨為兒童設置試衣間的商場，上述做法都是為保護兒童隱私做出的創舉。

我們一起做遊戲

用畫圖的方式教孩子認識隱私部位

給孩子準備一張A4紙和彩色筆，先讓孩子畫出男孩和女孩。

畫好以後，讓孩子用紅筆標記出男孩和女孩身體的隱私部位。爸爸媽媽可以這樣對孩子說：「用紅色的筆塗出身體上不可以隨便讓別人看，不可以隨便讓別人摸的部位。」這樣孩子就能夠聽懂並進行操作了。

如果孩子將身體的隱私部位標記為眼睛、頭髮、手和腳，說明孩子缺乏基本的自我保護意識，爸爸媽媽要與孩子一起將正確的部位標記出來。

當標記完成後，爸爸媽媽要告訴孩子：「這些用紅筆標記的部位就是我們身體的隱私部位。」同時，還要告訴孩子以下內容：

第一，任何人，包括爸爸、媽媽、爺爺、奶奶、爸爸媽媽的朋友、親戚、老師都不可以隨便看或摸你的隱私部位，你也不可以隨便看或摸別人的隱私部位。

第二，如果醫生要檢查你的隱私部位，必須要有爸爸或媽媽陪著。

第三，如果有人想摸你的隱私部位，要勇敢地拒絕他，告訴他：「不可以這樣做！我回去要告訴媽媽！」

第四，如果有人摸了、看了或要求觀看你的隱私部位，要盡快告訴爸爸媽媽。

3. 寶寶和媽媽乳房不得不說的二三事

窘窘小劇場

果果快 3 歲了，聰明又活潑，可就是有個不好的毛病，常常喜歡摸媽媽的乳房。媽媽提醒過他很多次，可是果果就是改不了這個毛病。

這天又到晚上了，果果纏著媽媽陪他睡覺，媽媽知道他又要耍小伎倆，於是故意推脫，讓他先睡，但小傢伙說什麼都不睡，非嚷著要媽媽陪著一起睡。不管媽媽怎麼說，果果就是不聽，還大哭大鬧起來，弄得媽媽一點辦法也沒有，只好陪他上床一起睡。沒想到媽媽一躺到床上，果果就撩開媽媽的睡衣，要摸媽媽的乳房，媽媽拒絕了一下，但果果又是一番鬧騰。沒有辦法，媽媽只好讓果果摸，達到目的的果果摸著媽媽的乳房，沒過一會兒就安靜地睡著了。

這時，爸爸過來上床睡覺，看見媽媽愁眉苦臉的樣子，勸道：「哎，算了，就別跟自己較勁了。不是我說你，你就是心太軟了，你不讓他摸不就行了。」

「你說得輕巧，你當我不想啊！」媽媽有些生氣，小聲說道，「你也看到了，我不讓他摸，他就大哭大鬧的，你讓我怎麼辦？」

「兒子都這麼大了，怎麼還有這個毛病啊？」爸爸也嘆氣道，「我看咱們真要想個辦法了，如果他一直這樣下去，怎麼得了！現在是可愛，再大一點人家怎麼看！」

就這樣，夫妻二人為了商量如何改正果果的這個毛病，大半宿沒有睡著覺。

年輕的爸爸媽媽，你的寶寶是否也有像果果這樣的癖好？你是否也在為孩子的這種行為感到苦惱？乳房在孩子眼裡被視為媽媽的象徵，這是嬰兒依戀媽媽乳房的重要原因。很多孩子在斷奶後仍然會對媽媽的乳房有所依戀，依然離不開媽媽的乳房，很多媽媽都為孩子依戀乳房的問題苦惱不已。是該繼續滿足孩子的要求，還是應該拒絕？這讓很多媽媽不知所措。

爸爸媽媽快速反應指南

私人專家課堂

常常會有媽媽遇到這樣的困惑：孩子對媽媽乳房的依賴感很強，到了該斷奶的時期還斷不掉，喜歡摸媽媽的乳房，會扒開媽媽的衣服找奶吃。你可能懷疑過寶寶是否有特殊的癖好，但如果你了解著名心理學家佛洛伊德對孩子性意識的解讀，或許就能少一些焦慮。

「剛剛出生的小嬰兒就已經有性快感了」，佛洛伊德1905年提出的這一論點，簡直成了那一年的醜聞。很多人認為，佛洛伊德是在一張白紙上潑上了髒水。但隨著口欲期、肛欲期等性發育階段被發現，越來越多的人認同這樣一個事實：嬰兒也有性快感。這有可能讓許多爸爸媽媽感到窘迫，他們很難想像嬰兒的性快感會有哪些表現，尤其是當他們從書上或專家論壇上看到嬰兒時期的性意識和朦朧的性感覺將為嬰兒成年後性的健康發展打下基礎，他們就更難面對寶寶的性快感。爸爸媽媽應當怎樣應對孩子種種令人臉紅的表現和提問呢？是給予科學、坦率的解釋，還是顧左右而言他？是厲聲訓斥，讓孩子不再有「歪念頭」，還是迅速轉移孩子的注意力？

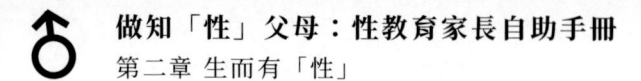

佛洛伊德認為，性慾是來自人體的快感，不管這種快感來自身體的何種部位或何種器官。它可以來自口唇、皮膚、肛門，也可以來自生殖器。發育的階段不同，獲得這種快感的方式和部位也不同。

寶寶在吮吸媽媽奶頭的時候，會產生一種快感。佛洛伊德把這種來自口唇的快感叫做口欲性慾，並認為它是哺乳期嬰兒性慾的表現方式。在日常生活中，我們偶爾可以看到這樣一種現象：幾個月大的男寶寶會在哺乳時出現陰莖的自發性勃起，隨著吮吸頻率的加快，寶寶表現出面色紅漲，全身肌肉有節律地收縮，隨之出現一種滿足後的輕鬆、安詳，整個過程很像成人的性興奮反應過程。也有報導稱，女寶寶也有類似性反應的陰道分泌液增多和陰道節律性收縮現象。這可能使爸爸媽媽大為驚駭，難道嬰兒也有性慾？若不是親眼看見，實在令人難以相信！！至於那些七八個月的嬰兒有意無意地摸弄生殖器，做一些夾腿的動作，則更是司空見慣的事了。

還是回到口欲期吧，這個階段寶寶的年齡大約在 3 個月至 1.5 歲。這個時期寶寶的典型行為是什麼都往嘴裡放，喜歡吮吸手指，吹泡泡，吸著奶頭玩耍等。

寶寶的嘴唇和口腔是能感受快感的部位，嘴唇的感覺極其敏銳。當寶寶的嘴唇和媽媽的乳頭發生接觸之際，寶寶會感到極度愉快。寶寶最初的快感體驗可能是無意的，其強度往往也較弱，但反反覆覆就會得到強化。這完全是一種正常現象，是孩子探索自身和外部世界的一種表現，就像孩子摸摸鼻子、揪揪耳朵一樣，沒有什麼值得大驚小怪的。現代醫學透過儀器能看到胎兒在媽媽子宮內吮吸手指時表露出的明顯的幸福感和滿足感。

請你跟我這樣做

現在，你應該知道果果的行為其實並不奇怪，他只是透過觸摸媽媽的乳房讓自己獲得安全感，或許這是他表達母子感情的一種方式。

如果你的孩子還在哺乳期，你可以把孩子緊抱在懷裡，一邊餵食，一邊輕輕搖拍、低吟細語，促進母子感情的交融。媽媽的關懷，能促使嬰兒成長為樂觀、自信、自尊、自愛的孩子。當孩子發現嘴唇能帶給他們愉悅時，他

們就會將手指和能拿到的東西都往嘴裡放,即使不能吃,也會給他們帶來愉悅,這種愉悅感不應被強制剝奪。當然,孩子放進嘴裡的東西一定要清潔、安全。

如果你的孩子已經斷奶,卻還有乳房依戀,爸爸媽媽不要緊張,也不要急於採取任何強制措施,要先注意觀察寶寶是否有內心的焦慮和不安,是否有心理需求,並根據具體情況及時給予回應,讓寶寶感到溫暖和安全,從而消除其緊張的心理。你可以嘗試以下做法:

● 給寶寶的乳房依戀一個過渡階段

媽媽要給寶寶一段過渡的時間,讓寶寶逐漸脫離對乳房的依戀。過渡的時間以不超過 3 個月為好,不可以在斷奶後就斷然拒絕孩子對乳房的情感需求。媽媽要逐漸減少孩子接觸乳房的次數,適當給孩子提供安撫奶嘴,甚至分床、分房間,以此來幫助孩子發展獨立自主的意識。

● 接納或培養寶寶的依戀物

爸爸媽媽可以選擇寶寶喜歡的玩具或物品,逐步轉移孩子的依戀對象,幫助孩子發展出更多能獲得精神愉悅的方式,讓孩子從活動、遊戲中獲得精神愉悅,使乳房不再是孩子獲得精神愉悅的唯一來源。

● 必要時與寶寶一起制訂並執行規則

對於離乳後還長期要求觸摸或吮吸媽媽乳房的寶寶,媽媽就需要審視自己的養育方式了,將解決問題的焦點放在轉變育兒方式上,而不是糾纏在孩子的行為上。媽媽要堅定地拒絕孩子繼續摸弄乳房的要求,不要給孩子講太多的道理,而要制訂規則來幫助孩子脫離對乳房的依戀。媽媽要與孩子共商規則,並堅決執行規則。無論孩子如何哭鬧,媽媽都不可以妥協,否則,會讓孩子脫離戀乳的過程更加困難。

嘮叨詞典

寶寶性心理的發展階段

口唇期──1 歲以前

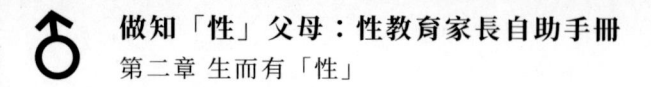

嬰兒在吮吸媽媽乳頭的時候會產生快感，在媽媽的懷抱中可以得到溫暖、愛撫的體驗。這個時期寶寶的欲帶集中於口唇，寶寶心智、情緒的發展都和發生在欲帶部位的焦慮與滿足有關。

肛門期—— 1～3 歲間

這個時期的寶寶並不清楚兩性的區別，但他們已經開始探索自己的身體，而且會玩弄自己的生殖器，男寶寶的生殖器甚至會因刺激而產生勃起現象。這個階段寶寶的行為只是出於他們的好奇心和探索欲。

性器期—— 3～5 歲間

寶寶開始了解性，他們撫摸和玩弄生殖器的行為比以前更加頻繁。除了對自己的身體好奇以外，他們還會對別人的身體感興趣。同時，寶寶也開始注意到自己身體與大人身體之間的區別，並對男女生理現象的種種差異感到好奇。為了滿足好奇心，他們有時會故意跟著大人進入浴室，甚至會做出掀起女生裙子的行為。

他山之石

國外的媽媽常常給孩子使用安撫奶嘴。安撫奶嘴的合理使用可以減少寶寶在母乳分離期間的焦慮，逐步幫助寶寶告別母乳依戀而又不至於影響寶寶與媽媽之間親密關係的發展。

第三章 身體真奇妙

▍一、身體真奇妙

　　寧靜的夜晚，在被橘色燈光浸沒的臥室中，寶貝窩在你懷裡專注地聽著你講的那些王子和獵人聯手打敗惡魔救出公主的故事，然後呼吸慢慢變得均勻。你的目光描繪著這愈漸清晰的小輪廓，心裡感慨著上帝賜予的禮物總是時而讓你滿心開懷，時而讓你哭笑不得。比如，某天他捏著小雞雞問你「為什麼鄰家妹妹沒有這個」的時候，你的大腦瞬間一片空白。

　　在你不知不覺之中，孩子已經不再是那個懵懂的嬰兒，他們迎來了自己的幼兒階段。

　　3～5歲的孩子處於幼兒期。幼兒期孩子的身體發育不像嬰兒期那麼迅速，但處於人生的第一個加速發展期。

　　在身體方面，幼兒的骨骼發育很快，在3～6歲期間，大約會形成45個新的骨骺。幼兒晚期，孩子的乳牙開始脫落。幼兒的大腦重量達到成人的90%。

　　在動作方面，幼兒的體型慢慢向流線型過渡，不再像小蘿蔔頭似的頭大身子小。他們的身體重心也逐漸下移到軀幹，平衡能力大大增強。他們的步伐開始變得輕盈而有節奏，先學會跑，後學會跳。孩子的精細動作（如穿衣、吃飯等自助技能和塗鴉的動作）在這一時期也有飛躍性的發展。如果你發現自己的寶寶在牆上、地上亂塗亂畫，可千萬不要責備他哦，這是人家在練習自己的精細動作呢！

　　在認知方面，幼兒初期孩子的記憶容量不到成人的一半，就是說，聽到10個數字，成人可以記住7～9個，而3歲的孩子只能記住3個左右。所以，這個時期的孩子可能會反覆問你同一個問題，不要鬱悶，他不是故意煩你，而是真的沒有記住。這種情況到幼兒後期會明顯改善，到6歲的時候，孩子

就能記住 6 個左右啦！幼兒的思維主要是具體形象的，給他們講道理的時候儘量避免使用抽象的概括，多使用形象化的語言。

在自我意識方面，幼兒可以正確地描述自己的身體特徵、年齡、性別和喜歡的活動；可以對自己的一些行為做籠統的評價，如「我今天很乖」「我吃飯快」。幼兒的情緒體驗逐漸豐富，不再局限於自己的生理需要和狀態帶來的情緒，如孩子的自尊心和羞恥感開始發展。值得注意的是，幼兒的情緒有很強的受暗示性，容易受到別人的影響，所以，爸爸媽媽在孩子面前一定要控制好自己的脾氣。另外，在這個階段，孩子開始在同伴交往方面取得進步，並獲得最初的友誼。

在性別認知方面，幼兒期是完成自身性別認知非常重要的階段，一定要引起爸爸媽媽的高度重視。

幼兒對性別的認知包括對自身性別的認識和對性別角色的認識。對自身性別的認識有兩方面的內容：一方面，孩子可以準確地知道自己在生物學意義上到底是男孩還是女孩；另一方面，孩子能夠了解到自己的性別不會因任何原因而改變。比如，不會現在是男孩，長大就變成了女孩；不會因為媽媽哪天心血來潮給自己穿上裙子，自己就從男孩變成了女孩；也不會因為自己非常想要變成男孩，結果一覺醒來就能變成男孩。對性別角色的認識，簡單地說就是了解不同性別代表的不同社會文化方面的意義。比如，男性勇敢、強壯、穿褲子、長大了做爸爸，女性溫柔、漂亮、穿裙子、長大了做媽媽。在幼兒對性別角色的認識過程中，爸爸媽媽及周圍人給予的賞罰起著直接而巨大的強化作用。幼兒往往以同性家長為榜樣，求得同樣的行為和感受。女孩玩當媽媽的遊戲，儘量模仿與學習媽媽的溫柔、細膩和女性的性別行為；男孩則模仿爸爸的男子漢態度和行為，希望自己像爸爸那樣嚴厲、果斷。

二、重視寶寶的「大」「小」功課

寶寶的「大」「小」功課在這裡指的是如何教寶寶上廁所的問題，這是家長在寶寶幼兒期的一項重要任務，也是對寶寶進行生理衛生教育的關鍵。

二、重視寶寶的「大」「小」功課

孩子在離開爸爸媽媽的寸步不離後，即將進入幼稚園接受學前教育。因為幼稚園的老師通常需要帶幾十個孩子，不便一一關照他們的如廁事宜，所以，在入園之前，孩子在大便和小便的時候應該用什麼樣的姿勢，應該注意哪些事項，家長都應當提前訓練妥當。

那麼，什麼時候是進行如廁訓練的最佳時機呢？是不是越早越好呢？有研究表明，不足 2 週歲就開始進行如廁訓練的孩子，實際掌握如廁技能的進度遲於 2 週歲以上才開始進行如廁訓練的孩子。爸爸媽媽要注意觀察，當孩子出現以下幾個信號的時候，就可以開始考慮對孩子進行如廁訓練了。

信號 1：孩子感覺到尿布或紙尿褲髒了，可以表達出不舒服的意思，不管是口頭上的還是動作上的。

信號 2：孩子能在口頭上或行動上表達想解便的想法，例如，會喊「便便」「尿尿」，或在解便前表現得焦慮不安，甚至用手抓撓褲襠部位。

信號 3：孩子大便時間規律，每天都有固定的大便時間。

信號 4：孩子對大人上廁所的行為表示感興趣，會跟著大人進廁所，甚至會好奇地問如廁中的大人：「你在幹嘛呀？」

信號 5：孩子可以保持尿片乾燥達兩個小時以上，最理想的狀況是早晨醒來時尿片也沒有濕。

進行如廁訓練，男孩、女孩大不同，爸爸媽媽可不能眉毛鬍子一把抓。

第一，在便盆選擇上，要迎合不同性別孩子的喜好，激發孩子使用的願望。例如，為女孩選擇顏色鮮艷、印有漂亮花朵或可愛卡通人物的便盆，為男孩選擇簡潔、大方或印有孩子喜歡的英雄人物的便盆。

第二，在訓練人選上，建議女孩由媽媽來進行如廁訓練，男孩則由爸爸來承擔這項任務。

第三，在訓練流程上，注意先後順序，不要急於求成。

訓練男孩如廁時要記住：

● 先教坐，後教站

因為孩子的大小便經常一起排出來，所以，先讓孩子在大小便的時候都坐下，這樣孩子就能明白不管大便還是小便，都應該在便盆裡完成。用這種方式，孩子就不會因為小便可以到處灑的樂趣而分散注意力，並能學會在需要注意的時候集中注意力，從而掌握基本的程序。

● 採用適當的小遊戲幫助加快訓練進程

訓練站著小便時，爸爸可以陪孩子一起玩「消防員」的遊戲。具體做法如下：爸爸先示範如何站著解便，然後在便盆中放一張畫著火焰圖案的紙，讓孩子想像自己是勇敢的消防員，瞄準紙片撒尿。這樣可以有效地增加男孩上廁所的積極性，更快地擺脫尿片。

女孩的如廁訓練要注意把握以下一些事項：

● 模仿訓練

媽媽給孩子示範便盆的正確使用方法，同時教給孩子正確的擦拭方向，尤其是在大便後，一定要從前往後擦，以防尿道感染。

● 不穿太複雜的衣服

千萬不要給孩子穿太複雜的衣褲，讓她難脫難解。孩子通常會在憋到再也不能憋的時候才告訴家長她要解便，本來孩子就比較緊張，很難控制自己，如果再加上「褲子怎麼解也解不開」等不必要的挫折，那麼，尿褲子肯定是經常發生的事情了。

以下事項，則不分男孩女孩。

● 教孩子認識廁所

出門在外，家長一定要教孩子識別洗手間的標誌，告訴孩子女孩要去有穿裙子女孩標誌的地方上廁所，男孩要去有穿褲子男孩標誌的地方上廁所。如果再仔細一些，可以教孩子辨別男女廁所的英文標識。

● 抓住時機對孩子進行隱私教育

如廁訓練可以說是教給孩子隱私和隱私部位概念的最佳時機，聰明的爸爸媽媽一定要抓住這個機會，非常自然地告訴孩子解便是隱私的事情，不能當眾排泄；解便的部位是自己的隱私部位，不能給任何人看或觸摸。

● **在孩子自己主動去廁所解便時，家長應立即稱讚孩子**

家長可以用「寶寶知道自己尿尿了，真棒」之類的話語來強化孩子的良好行為。

需要提醒爸爸媽媽的是，有調查顯示，絕大部分孩子是在 2 歲 4 個月左右完成如廁的白天訓練，3 歲左右完成如廁的夜間訓練，並且男孩所花費的訓練時間要超過女孩，所以，爸爸媽媽在訓練孩子如廁時一定要有耐心。

三、寶寶容易提出的問題

1. 為什麼男孩站著尿尿，女孩坐著尿尿

窘窘小劇場

玲玲今年四歲了，是一個很聰明且好奇心非常強的孩子，常常會問很多匪夷所思的問題，有許多古靈精怪的舉動，讓爸爸媽媽招抵不上。每天，世界在她腦子裡的轉動好像沒有任何章法可言。

一個夏天的晚上，像往常一樣，是媽媽和玲玲一起洗澡的溫馨時刻。玲玲遵照媽媽的指示在內衣抽屜裡翻出睡衣和內衣後興沖沖地奔進浴室，一陣手忙腳亂地剝光自己，做好了洗澡前的準備。媽媽經過了一整天的工作和家務勞動，本來已經身心俱疲，然而，看見小傢伙在浴室裡哼著歌兒手舞足蹈的畫面，又瞬間覺得一切辛苦都是值得的。

玲玲每次進浴缸前總是條件反射似的要先蹲著小便一次，而今天她卻非常特別地站著小便。對於這種反常的舉動，媽媽不由得問道：「寶寶今天怎麼站著小便呢？」玲玲回答說：「幼稚園的男生都是站著尿尿的，為什麼女生不能站著尿尿呢？為什麼小明能站著尿尿，而我不能呢？是不是他屁股小，怕坐著掉到廁所裡了？」

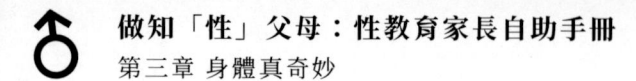

做知「性」父母：性教育家長自助手冊
第三章 身體真奇妙

一連串的問題像連珠炮似的蹦出來，媽媽頓時傻眼了。怎麼跟她解釋呢？從什麼角度解釋更能使她明白呢？會不會越抹越黑呢？媽媽默默地回頭看向剛好路過浴室的爸爸，爸爸聳聳肩表示愛莫能助。冷場3秒鐘後，兩人大眼瞪小眼。本來爸爸媽媽還期待著玲玲會在他們的沉默中結束讓他們無所適從的提問，結果玲玲又天真地補上一句：「小明給我看了他尿尿的地方，說那個叫小雞雞，他有，我沒有。媽媽，為什麼他有小雞雞，我沒有呢？」

「我的天，你要是有了，那還得了，我的小寶貝，你能小小地害羞一下，稍稍地矜持一點嗎？」爸爸媽媽心裡五味雜陳，在內心罵著鄰居家的小明：「玩耍就玩耍，幹嘛還要給我女兒現場觀摩啊！」

孩子公開地討論生殖器官，這樣好嗎？孩子關心生殖器官的問題，是不是「不正經」？孩子沒上幼稚園以前很乖的，一上幼稚園就開始關心這些，是不是被別的孩子帶壞了？面對孩子關於生殖器方面的形形色色的問題，我們究竟應該怎麼處理呢？

爸爸媽媽快速反應指南

私人專家課堂

親愛的爸爸媽媽，如果你的孩子已經流露出像玲玲那樣對男生和女生的生理特徵的關注，那真的是一件非常值得慶祝的事情！因為他或她已經走在成為一名帥氣逼人的小夥子，或美麗可人的大女孩的路上了。

生殖器官是人體不可或缺的重要部分，它與人類生命的延續、我們身體的健康密切相關。將生殖器官的概念建立在這一基礎之上，奠定生殖器官的神聖感與純潔感，是幫助孩子樹立健康、科學的性觀念至關重要的第一步。

幫助孩子了解自己的身體，認識自己作為男孩或女孩的生理特徵，在正確認識性器官的基礎上再循序漸進地給孩子灌輸性器官的正確使用方法和注意事項，這是爸爸媽媽對幼兒進行性教育的一項重要任務。

引導得當，會使孩子對自己的身體有正確的認知，在面對自己的身體尤其是性器官的時候坦然、放鬆，對自己生而為人感到自豪，同時也會對自己

的性別產生自然而然的認同感。這樣的良好影響會一直持續到成年，使孩子最終成為一個熱愛自己、熱愛生命的人。

反之，如果引導不當，可能會使孩子的性心理發展受到挫折，嚴重的會影響孩子的性心理健康。如果爸爸媽媽對生殖器官的使用和說明遮遮掩掩，有可能傳遞給孩子這樣一種訊息：這個部位是與別的部位不同的，是令人覺得不舒服的。還有可能會讓孩子把羞恥感或犯罪感與身體的這個部位聯繫起來，這種感覺同樣有可能會持續到成年，使得孩子在長大以後仍然很難在面對自己的身體或與性相關問題的時候有舒適自在的感覺。有的爸爸媽媽一見孩子觸摸自己的生殖器官就特別緊張，打孩子的小手，並斥之為「髒」「臭」「羞」……這會給孩子一種錯覺，認為這個部位是羞於啟齒的，是一摸就會受罰挨罵的。受到這樣的壓抑，有的孩子會產生逆反心理，會更頻繁地去觸摸那個部位，嚴重的甚至會變成「露陰癖」。另外，爸爸媽媽對生殖器官的不當態度，也可能會影響孩子準確地表達生殖器官受到傷害或受到性侵害的能力。這就是為什麼有一些受到性侵害的孩子，往往不敢主動給爸爸媽媽講述自己的遭遇，導致自身受侵害的程度不斷加深直至形成嚴重後果的原因。

請你跟我這樣做

家長在引導孩子認識生殖器官時的態度非常重要。由於受中國傳統性觀念的影響，你在和孩子聊到這個話題時可能會感到有些尷尬，但為了幫助孩子樹立正確的性觀念，進而擁有快樂的人生，你一定要克服自己的羞怯心理，認真嘗試以下做法。

● **原則：坦誠相告**

孩子長大了，圍繞兩性器官之間的差異會提出各種他們感興趣的問題，爸爸媽媽自然是被詢問的第一對象。爸爸媽媽不必答非所問、遮遮掩掩、敷衍搪塞，或視為骯髒下流、嚴詞喝斥。正確的做法是應該用簡單、準確的語言，或借助圖片、道具，儘量做到坦誠相告。

● **技巧：針對不同年齡的孩子，用不同的方式回答問題**

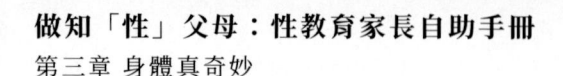

做知「性」父母：性教育家長自助手冊
第三章 身體真奇妙

（1）剛剛進入幼兒期的孩子，語言理解能力較差，你可以更多地透過圖片，直觀地展示男女解便器官的不同。同時，你可以告訴孩子：男孩子有小雞雞，小雞雞正式的名稱是陰莖，可以把尿撒得很遠，這樣褲子就不會濕；女孩子沒有陰莖，所以就要蹲下來小便，要不然就會把漂亮的小褲子弄濕的。

（2）面對稍大一點的女孩子，媽媽可以告訴她：你是個女孩子，長大以後會成為女人，像媽媽一樣。爸爸是男人——長大的男孩子。男孩子和男人都有陰莖，他們的小便是從陰莖裡出來的。我們女孩子和女人沒有陰莖，但是有另外一種被叫做尿道口的小開口，我們的小便是從那個小開口裡出來的，因為它在兩腿之間，所以我們要蹲著或坐在馬桶上小便。陰莖和尿道都是非常重要的器官，我們要好好保護它。

（3）實踐出真知。如果口頭引導對女孩子不管用，就直接給她一個實踐的機會，騰出空間讓她「發揮」。當她站著小便的時候，小便會直接流到她的腿上，這麼難受的經歷小傢伙可受不了，她會放棄站立解便的嘗試，乖乖地回到舒服的蹲姿或坐姿。

孩子對性器官和身體特徵的關注只是來源於好奇，對不知道的事產生的求知慾，如果刻意迴避，只會更加引起孩子的好奇心。

所以，爸爸媽媽不妨傳遞給孩子這樣一種訊息：小便的地方和身體的其他部位——鼻子、嘴巴、耳朵是一樣的，只是它們更容易生病，更需要我們的悉心愛護，不能隨便讓別人看到而已。

嘮叨詞典

露陰癖

露陰癖是心理疾病的一種。患心理疾病的人與精神病人的不同在於：他們知道自己的症狀是不正常的，但卻無法克服。露陰癖患者雖然能在當時獲得心理滿足，可過後會感到後悔。這是一種比較常見的性變態行為，以男性患者居多，男女患者之間的比例為 14：1。露陰癖與戀物癖（主要表現為盜竊異性內衣、收藏異性頭髮等）患者往往被當作壞人看待，實質上他們只是心理上的不正常，並不是壞人。露陰癖患者的意識大都是清醒的，因此他

們在事後往往很懊惱，特別是被人當作壞人抓起來後更是羞愧難當。但面對露陰衝動時，他們又難以控制自己，常常是衝動戰勝理智，出現反覆作案的現象。

我們一起做遊戲

遊戲的名稱叫做「是男生還是女生？」，遊戲的目的是為了強化孩子對男生和女生差別的認識。遊戲規則如下：

（1）準備好配有身體外表各個器官圖的卡片；

（2）把孩子分為兩組進行識別身體特徵的比賽，讓他們把屬於男生特有器官圖的卡片放在寫有「男生」的地方，把屬於女生特有器官圖的卡片放在寫有「女生」的地方，如果男女都具備則放在「男生」和「女生」中間；

（3）以放置卡片位置的正確與否作為判斷輸贏的標準。

如果有卡片放置錯誤，要進行更正，並講解錯誤的原因。

2. 為什麼爸爸也有咪咪

窨窨小劇場

童童大概 4 歲的時候，發生了這樣一件事情，她的媽媽現在講起來還忍俊不禁。

童童的爸爸媽媽都有留學海外的經歷，非常重視個人空間和隱私。童童很小的時候就和爸爸媽媽分房睡，平時爸爸媽媽又很注意自己在家裡的著裝，所以童童很少有機會像同齡的孩子那樣看到爸爸媽媽衣冠不整的樣子，更別說看到爸爸在天熱的時候打赤膊了。沒想到就是這樣的生活習慣為後來發生的趣事埋下了伏筆。

有一天，童童的爸爸從外面回來，在臥室裡脫掉襯衫準備換上家居服，一時大意忘了關上房門。童童本來在自己的玩具屋玩玩具，突然覺得自己玩沒意思，於是跑到臥室想要找爸爸陪她玩，恰好把爸爸光著上身的樣子看了個正著。

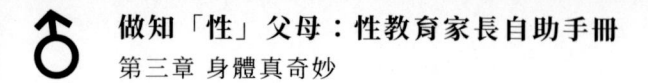

童童愣了一下，直瞪瞪地看著爸爸，然後，意想不到的事情發生了：童童哇的一聲大哭起來，邊哭邊往樓下跑。爸爸丈二和尚摸不著頭腦，這孩子怎麼啦？一邊想著一邊套上衣服追下樓去。在廚房做飯的媽媽聽到孩子的哭聲也趕緊跑出來，抱著小女孩關切地問：「寶寶，怎麼啦？告訴媽媽發生什麼事情啦？」

一向很黏媽媽的童童這時候一下子掙脫了媽媽的懷抱，抽抽噎噎地說：「媽媽，你是騙子，你騙我！」媽媽和剛剛追出來的爸爸都呆住了，他們夫妻倆一致認為，和孩子的交流要真實，避免給孩子虛假的資訊，說白了，就是不要學習老一輩「哄」孩子的做法。他倆在這方面一直做得挺好的，今天卻被童童抱怨說「媽媽是騙子」。

按捺住鬱悶的心情，媽媽開口問童童：「寶寶，為什麼說媽媽是騙子呢？你覺得媽媽什麼事情騙了你呢？」聽了媽媽的話，童童氣呼呼地說：「媽媽，你告訴過我，女生要做媽媽，要給寶寶餵奶，有咪咪；男生要做爸爸，不用給寶寶餵奶，是沒有咪咪的。可是，今天我看到爸爸就有咪咪！」

如果你是童童的爸爸媽媽，你要怎麼回答孩子的質問呢？你的寶寶是不是也曾問過類似的問題呢？在這個年齡段，孩子對自己和他人的身體都會表現出關注和好奇，並且會不分場合、直白地向你提出他的疑問，甚至有的寶寶還會伸出小手去觸摸別人和自己不一樣的地方。面對這種情況，親愛的爸爸媽媽，你準備好應對策略了嗎？

爸爸媽媽快速反應指南

私人專家課堂

孩子在探索世界的過程中會不由自主地比較自己的身體和他人（尤其是爸爸媽媽和親近的玩伴）不一樣的地方。他們對於高矮胖瘦可能容易理解，但是對於性器官以及第二性徵的不同就不是那麼容易理解了。於是他們便會向自己眼中無所不能、無所不知的爸爸媽媽發問，這是孩子對爸爸媽媽全心全意的信任，也是孩子善於觀察、勇於表達的體現。爸爸媽媽可千萬不要因

為孩子提出令你尷尬的問題就鬱悶啊！更為重要的是，這是爸爸媽媽對孩子進行性教育的好機會，請你一定不要輕易放過。

孩子在 3～4 歲的時候，對媽媽的乳房會表現出極大的興趣，這是孩子在幼兒階段性心理發展的正常表現，也是孩子天然的好奇心使然。孩子的性格不同，對乳房興趣的表現方式也不同。有的孩子會以羞澀的眼光偷偷看媽媽的胸部；有的孩子會直接摸摸媽媽的乳房，並問媽媽這是什麼；有的孩子會問為什麼媽媽的胸部比爸爸的大；等等。這些問題會使媽媽感到非常尷尬，因為媽媽作為成年人，很容易將「乳房」這兩個字眼與「性」掛上鉤。然而，孩子對乳房的關注是不帶有「性」的意味的，爸爸媽媽應該首先摘掉「有色眼鏡」，再來處理孩子提出的問題。

如果你被問到這一類的問題，可以告訴孩子：「在你很小的時候，媽媽的乳房裡面裝有奶水，你是靠喝媽媽乳房裡的奶水長大的，所以媽媽的乳房是大的。爸爸不用給你餵奶，所以爸爸的乳房是小的。」這樣孩子就會比較容易理解。在跟孩子講解身體的奇妙之處時，爸爸媽媽可以透過生活中實際發生過的、孩子參與過的場景去引導他們明白身體各個器官的作用。要像對待孩子問「天上為什麼會有星星」一樣，自然、平靜地對待孩子的這類問題，實話實說，告訴孩子他們想知道的一切。當孩子了解了乳房的「真相」以後，也就不再好奇了。

請你跟我這樣做

現在，我們一起來處理童童小朋友的質問吧！

請媽媽先平復一下尷尬的心情，再釐清孩子關注的重點。童童的問題有兩個要點：其一，媽媽欺騙了自己；其二，為什麼爸爸也有咪咪。做媽媽的首先必須重視並處理孩子提出的不信任問題。信任是親子交流的基礎，在家庭性教育的過程中，這個基礎顯得尤其重要。只有孩子充分信任爸爸媽媽，才有可能完全接納爸爸媽媽教給自己的東西。

首先，解決不信任的問題。

「寶寶，媽媽之前解釋這個問題的時候可能沒有說清楚，媽媽向你道歉，媽媽不是有意騙寶寶，請你相信媽媽。」

接著，讚揚孩子敏銳的觀察力。

「寶寶觀察得很仔細，的確，爸爸也有咪咪，但是爸爸的咪咪和媽媽的長得不太一樣，對不對？」

最後，進入第二個要點的回答。

「爸爸媽媽的咪咪和你的咪咪都叫做乳房，不管男生還是女生，都有乳房，這是正常現象。但是，因為爸爸媽媽在生養孩子時承擔的任務不同，媽媽要給小寶寶餵奶，所以媽媽身體裡的一種叫做雌激素的東西就會讓媽媽的胸部鼓起來，讓媽媽的乳房可以生產出奶水，餵給小寶寶喝。

「爸爸不承擔給小寶寶餵奶的任務，爸爸身體裡的雌激素也沒有媽媽那麼多，所以爸爸的乳房不會鼓起來。」

「你是可愛的小女生，長大以後胸部也會跟媽媽一樣鼓鼓的，有一對漂亮的乳房哦！」

用簡單、直接的方式讓孩子明白乳房大小的原因，滿足孩子的好奇心，讓孩子覺得媽媽的乳房大是理所當然的，爸爸有乳房也是合理、正常的，同時，也為孩子青春期第二性徵的發育做了提前「預告」。

對於孩子來說，這種邊敘邊議、說故事加講道理的回答方式比較容易被接受和理解，而且可以加深印象。孩子在明白了媽媽是怎樣給自己哺乳、照顧自己的時候，也能體會到媽媽撫養自己的艱辛。

嘮叨詞典

乳房

乳房是雌性哺乳動物孕育後代的重要器官。人類的乳房結構分為內、外部位，主要由乳腺和其他肌肉組織組成。

雌性激素

雌性激素又稱「女性激素」，由卵巢和胎盤產生，腎上腺皮質也產生少量雌性激素。女性進入青春期後，卵巢開始分泌雌性激素，以促進陰道、子宮、輸卵管和卵巢本身的發育。雌性激素還能促使皮下脂肪富集，使女性體態豐滿；促使乳腺發達，乳頭、乳暈顏色變深，使女性產生性慾。男性體內也會分泌少量雌性激素。

雄性激素

雄性激素又稱「男性激素」，是促進男性性器官成熟及第二性徵出現，並維持正常性慾及生殖功能的激素。雄性激素以睪丸分泌的睪酮為主，屬類固醇激素。成年男子的睪丸每天約分泌 4～9 毫克睪酮。女性的卵巢也分泌少量睪酮。

他山之石

在美國，有的學校給孩子設定的家庭作業是用玩偶來代替寶寶，孩子回家要在媽媽的指導下完成照顧寶寶一天作息（包括睡覺、喝奶、上廁所等）的活動。所有抱孩子、沖泡奶粉、洗尿布、唱搖籃曲等事情都要由孩子自己來完成。最後，在檢查作業的時候和老師討論自己遇到的困難，發生的有趣的事。有不少孩子都表示，帶寶寶真的太不容易了，媽媽照顧我太辛苦了！

3. 為什麼爸爸的臉會扎人

窘窘小劇場

新的一天開始了，清晨的一縷陽光透著明媚的氣息輕輕地打在窗簾上，微風輕撫窗簾浮光掠影般煞是好看。順著鏡頭我們可以朦朦朧朧地看到一家三口各自在浴室、廚房遊走，準備著上班或者上幼稚園。畫面定格在這裡，小月月和爸爸兩人一左一右地站在洗漱臺前刷牙，一大一小，動作一致。小傢伙睡眼惺忪的臉上沾上了牙膏，她正努力地往爸爸襯衫上蹭，爸爸靈巧地躲開「小怪獸」。他倆打打鬧鬧，好不開心。

聽到媽媽在餐廳喚道：「出來吃早飯了！」爸爸一把抱起「小怪獸」，使勁用下巴蹭了蹭寶貝女兒，以「報蹭牙膏之仇」。沒想到女兒「咯咯」笑

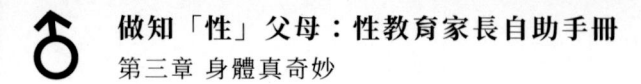

了兩聲後，把下巴撇得老遠：「爸爸，你的臉怎麼這麼扎人，扎得我一點都不舒服！」爸爸只當女兒是開玩笑，於是搖頭晃腦地信口道：「是呀，爸爸臉上有絕密武器，你再欺負我的話，我就要絕地反攻啦！」可誰知，一到飯桌上，小月月皺著眉毛神祕兮兮地問媽媽：「媽媽，你跟爸爸臉貼著臉的時候不會覺得扎嗎？隔壁家大軍說你們是在親親。親親是什麼？是爸爸在用祕密武器欺負你嗎？」

媽媽聽完冒出了個大紅臉，立即決定「一致對外」：「是呀，你爸爸欺負我，扎得我可疼了！」隨即，一大一小都瞪著亮晶晶的大眼睛無辜地看著爸爸。

後來，媽媽告訴小月月，那是爸爸的鬍鬚扎人。「男生都要長鬍鬚，你從幼稚園回家的路上仔細觀察，很多叔叔、伯伯都有鬍鬚的。有的鬍鬚長，有的鬍鬚短；有的鬍鬚濃密，有的鬍鬚稀疏；還有的看起來是沒有鬍鬚的，那是因為他們每天早上都會剃鬍鬚，這樣就不會扎人了。」

女兒聽得似懂非懂：「那爸爸為什麼要長鬍鬚呢？可不可以不讓爸爸長鬍鬚呢？媽媽怎麼不長鬍鬚呢？爸爸的鬍鬚扎得我都不想讓他抱了！」

不長鬍鬚？不讓抱？爸爸清楚地明白了：我這是被嫌棄了啊！

可愛的寶貝就在眼前，抱又不讓抱，親也不讓親，本以為留點小鬍鬚挺有男人味兒，可沒想到，這就被嫌棄了，怎麼辦呢？

爸爸媽媽快速反應指南

私人專家課堂

親愛的爸爸，你別緊張，寶貝不願讓你靠近，只是因為你的鬍鬚太扎人了。既然孩子不喜歡，那就剃掉好啦，別覺得可惜。俄羅斯醫學科學院研究發現，男人的鬍鬚其實暗藏不少危險。他們收集了多位男性的鬍鬚，分析發現，上面有數十種有害物質，如苯、甲苯、氫硫化物等。在顯微鏡下，還可以看到鬍鬚上有大量微生物。此外，香煙煙霧中的致癌物質也會在鬍鬚上停留。如果這些鬍鬚扎著孩子，不但容易將病菌轉移到孩子的面部，而且堅硬

的鬍鬚還可能刺破孩子柔嫩的皮膚，帶來面部感染的危險。所以，親愛的爸爸，雖然你的鬍鬚看起來很性感，但卻是傷害孩子的隱形殺手。

爸爸在和孩子親密接觸前，要徹底清潔面部。洗臉不要應付了事，要用香皂或洗面乳徹底清潔，這樣不僅可以洗掉灰塵，香皂的強鹼性還能使多數細菌無法存活。另外，爸爸還要勤刮鬍鬚，尤其是有吸煙習慣的爸爸，更要特別注意。

爸爸拿自己的鬍鬚去蹭孩子的臉，當然是急切地想表達自己對寶寶的寵愛，只是孩子還理解不到。3～4歲孩子的思維還停留在對事物具體、形象的評價上，他們一開始會排斥「爸爸的臉會扎人」這件事。這時候，爸爸媽媽需要做的就是引導孩子的思維從「被鬍子扎得不舒服」這件具體的事向「爸爸這樣做是因為非常非常愛你」這樣抽象的情感體驗轉變，然後再不失時機地給孩子解釋為什麼爸爸的臉會扎人，進而向孩子強調男性與女性不同的生理特點，幫助孩子理解男女之間的性別差異。

請你跟我這樣做

爸爸一定要打起精神來，當你在職場精神奕奕、威風凜凜地為孩子和家庭的美好未來奮力拚搏的時候，請相信，無論孩子是否「嫌棄」你扎人的鬍鬚，你的形象在孩子心中都如同神明，不可替代。千萬不要因為孩子的小小「挑剔」就疏遠了自己的寶貝啊！要知道，在孩子的成長過程中，爸爸的作用可是大得超出你的想像！有研究顯示，和爸爸相處時間長的孩子，在勇敢和自信兩方面的表現遠遠超過成長過程中爸爸缺席的孩子。甚至有專家相信，和爸爸相處時間長的孩子的創造力也更強一些。

那麼，怎樣讓孩子理解爸爸的臉會扎人呢？其實，這真的不難。

如果做爸爸的真心在意這件事情，那麼，可以專門抽出時間來和寶寶談談「扎人事件」，或者在被「嫌棄」的時候告訴寶寶：「爸爸臉上扎人的這個叫做鬍鬚，它就像你的頭髮一樣，每天都會長長，所以爸爸幾乎每天都會使用剃鬚刀把它剃掉。但是，有的時候爸爸很忙或者起晚了，忘記剃鬍鬚了，

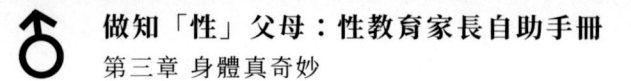

它就會留在臉上，你碰到的話，就覺得扎啦！爸爸會儘量記得剃鬍鬚，如果忘記，請你提醒爸爸，好不好啊？」

「至於為什麼爸爸長鬍鬚而媽媽不長，這是由於爸爸和媽媽身體裡的激素種類不同引起的。爸爸身體裡的雄性激素多一些，它會讓爸爸長出鬍鬚來。男孩子到了一定的年齡，體內的雄性激素開始發揮作用，他們就會長出鬍鬚，慢慢地變成一個男子漢。媽媽身體裡也有激素，不過主要是雌性激素，它不會讓人長出鬍鬚，所以媽媽沒有鬍鬚。女孩子長大後會像媽媽一樣，不長鬍鬚。」

3～4歲正是孩子模仿慾望比較高的時候，他們會經常想要模仿大人。因此，孩子提出的關於鬍鬚的問題，其實是一種願望，他們有可能並非是要責怪爸爸的臉扎人或者詢問長鬍鬚的理由，而是想要嘗試剃鬍鬚的感覺。如果你家的孩子是男孩，這個時候爸爸媽媽就可以告訴他：「你長大成人以後，也會長鬍鬚。」如果小傢伙覺得不滿意，你還可以告訴他：「你也會變成一個男子漢，也會長出鬍鬚，如此一來，就能夠使用刮鬍刀了。」如果你家的孩子是女孩，你可以對她說：「雖然你長大了會變得像媽媽一樣漂亮，不會長出鬍鬚來，但是，等你再大一點，爸爸就讓你試一下用刮鬍刀是什麼感覺，好不好？」一般來說，孩子得到這個結果就會比較滿意了。

嘮叨詞典

鬍鬚

鬍鬚，俗稱鬍子，泛指生長於男性上唇、下巴、面頰、兩腮或脖子的毛髮。如果要仔細區分，「鬍」本來是指長在嘴邊的毛，而長在上唇上的毛稱為「髭」（又叫「八字鬍」「八字鬚」「兩撇鬍」），長在下巴上的毛叫「山羊鬍」，長在兩鬢連至下巴處的毛叫「落腮鬍」（又叫「連鬢鬍」），長在兩頰上的毛叫「髯」。青春期後的男性一般都會長鬍鬚。鬍鬚比頭髮長得快，這是雄性激素作用的結果。生殖機能越旺盛，鬍鬚生長就越快。長鬍鬚部位的血管分布要比頭髮根部多，養分也容易得到，所以，剛剃掉的鬍鬚，沒幾天就又長出來了。

我們一起做遊戲

遊戲一：看一看，說一說

（1）觀看含有爸爸角色的電視影像。

（2）說說爸爸是男人還是女人，從哪裡看得出來？

（3）說說爸爸的鬍鬚長在哪裡。

遊戲二：摸一摸，畫一畫

（1）在爸爸的帶領下，寶寶摸一摸爸爸的鬍鬚，感受一下爸爸的鬍鬚像什麼。爸爸用鬍鬚刷刷寶寶的小臉蛋、額頭等。

（2）畫出爸爸的畫像，為爸爸的鬍鬚塗上爸爸喜歡的顏色，再親一親爸爸。

小結：爸爸的鬍鬚長在下巴上、嘴唇上面、臉頰兩邊，硬硬的，扎在寶寶的小臉上，寶寶就會哈哈笑。爸爸工作很辛苦，但很愛寶寶，寶寶也很愛爸爸。

4. 爸爸的小雞雞為什麼長「頭髮」

窘窘小劇場

成成爸爸最近很頭疼，因為兒子總是追著他問：「爸爸，你的小雞雞為什麼會長頭髮呀？」「爸爸，別人的頭髮長在腦袋上，為什麼你的小雞雞上也長頭髮呢？」如此反覆，樂此不疲。

事情是這樣的，成成媽媽在某個下午興奮地打電話回家說要和閨蜜獨處，晚飯和給孩子洗澡刷牙的問題讓成成爸爸「自理」。

當慣了甩手掌櫃的成成爸爸硬著頭皮答應下來。吃過簡單的晚飯，成成爸爸連哄帶騙、威逼利誘著把兒子「請」進了浴室，各種手忙腳亂、拳打腳踢，終於壓制住了這個小鬼，把他拖進了浴缸，再一看自己渾身都濕透了，索性也脫光了一起洗。當成成爸爸把內褲脫下、一隻腳跨進浴缸時，小不點突然

開啟觀察者模式，盯著爸爸的某處一直看，然後又垂下頭看看自己的，驚奇地叫道：「啊！爸爸，你的小雞雞為什麼長頭髮？」成成還試圖伸手過來摸。情急之下，爸爸只好迅速捂住關鍵部位，拍開他的小手，愣在那兒了。

當爸爸回過神來，意識到自己拍開兒子手的舉動可能會傷害到孩子，於是假裝咳嗽一聲掩飾尷尬，心中思量：「怎麼跟他解釋呢？他看起來十分擔心爸爸的頭髮長在了小雞雞上。猛地一下被問起，還真不知道該怎麼回答，胡亂敷衍的話，會誤導孩子。算了，回頭再說。」想罷，爸爸一邊給成成擦沐浴露、搓背，一邊對成成說：「你長大了小雞雞也會長頭髮的，到時候你就明白了，現在我們來勾勾手，今天看到的不准跟任何人說，好嗎？如果洩密的話，就不跟你玩了。」成成看起來並不滿意爸爸的回答，不安地回頭看看爸爸的下面，很不情願地說：「好吧！我不跟別人說。」「嗯，這才是乖孩子，以後爸爸天天給你洗澡，好不好？」爸爸狠狠地說。

成功地轉移了兒子的注意力後，爸爸堅持有說有笑地給他洗完了。本以為這事情就這麼過去了，可是沒想到，第二天的早餐桌上，兒子還在回味昨晚洗澡的事，神祕地把頭伸到媽媽耳邊：「媽媽，爸爸的⋯⋯」沒等他說完，爸爸趕緊捂住他的嘴。成成的小姨媽也在旁邊，說出來多丟臉啊！

你是不是也遇到過這樣窘迫的時刻，兒子盯著你的小雞雞問：「爸爸，你的小雞雞上為什麼長毛啊？」「爸爸，你的小雞雞為什麼是這種顏色的啊？」孩子問得天真，卻讓你尷尬不已。到底該怎麼跟孩子解釋？追問聲不斷，何時能消停啊？

爸爸媽媽快速反應指南

私人專家課堂

「為什麼爸爸的小雞雞會長毛？」「為什麼媽媽的大腿間長了頭髮？」孩子從 3 歲開始進入性別認知階段。在和孩子一起洗澡的時候，爸爸媽媽經常會被問及體毛的問題。當孩子問「為什麼會長毛」的時候，要想用科學的說法來回答似乎太困難了。孩子習慣將所有的「毛」和「髮」定義為「頭髮」，憑藉有限的觀察經驗，他們認為「頭髮」都應該長在頭上。所以，當孩子看

到爸爸媽媽與自己有所不同時，心中立刻產生了種種疑問。其實，這是他們認知發展的結果。

尷尬是絕大多數爸爸媽媽面對孩子提出性問題時的第一反應。他們覺得很難為情，尤其是在公眾場合的時候。眾目睽睽之下，覺得怎麼說都不合適，於是乾脆採取喝斥或拒絕的方式矇混過去。另外一種稍好一點的做法是轉移孩子的注意力，讓孩子忘掉自己剛才提出的問題，不過，這樣孩子的問題仍然沒有解決。如果他們能從別的途徑了解到正確的性知識和性道德的觀念還比較好，一旦從一些不正常的途徑得到一些錯誤觀念，繼而影響到日後的性觀念乃至正常生活，爸爸媽媽也許就會後悔莫及了。

成成爸爸在面對兒子小雞雞長「頭髮」的疑問時感到尷尬是人之常情。他能夠認識到自己下意識的反應可能會對兒子產生傷害，更是應該讚揚。如果成成爸爸還能在事後給成成做正確的講解和引導，那就基本上可以說是對孩子提出的性問題處理得相當理想了。爸爸媽媽越是隱瞞，越會激發孩子的好奇心。大家都聽過大禹治水的故事，知道「疏」比「堵」好，但是，不少爸爸媽媽在教育孩子的時候，仍是一味地「堵」「管教」。其實，孩子的發展正如樹苗，需要引導，而不是單純地修剪、控制。

請你跟我這樣做

下面，讓我們來幫助成成爸爸做一次更加完美的性問題處理吧！

● **步驟一：放鬆心情，好像孩子剛才問的是「明天會不會下雨」**

在孩子看來，他提出的這種問題在性質上真的和「明天會不會下雨」完全一樣。他並沒有帶著成人眼中性的色彩來提出這樣的問題，所以，請你保持淡定的心態。

成成爸爸在沒有想好怎麼告訴孩子這個問題的答案時，採取了迂迴戰術，緩和了一下氣氛，沒有把自己有些不安的心情傳染給兒子，這樣做是很棒的。

● **步驟二：平靜地告訴孩子，小雞雞上長毛不是一個驚世駭俗的發現**

爸爸可以一邊幫助成成洗澡，一邊指著正確的地方說：「長在頭上的叫頭髮，長在胳肢窩裡的叫腋毛，長在兩腿間的叫陰毛。長大以後，每個男性的小雞雞都會長毛的。可以說，這是成為大人的標誌。等到什麼時候你的小雞雞上長出了陰毛，那你就是一個真正的男子漢啦！」如果孩子繼續追問：「為什麼要長毛呢？」做爸爸的可以簡單地回答孩子：「因為小雞雞是很重要的地方，有毛髮就可以保護它。陰毛能夠吸收這些部位分泌出來的汗和黏液，阻擋灰塵、細菌的入侵，保證我們的身體健康。」

● 步驟三：不失時機地進行衛生、安全和隱私教育

爸爸媽媽要告訴孩子，愛乾淨、注重衛生才是好孩子。小雞雞是很重要的地方，必須愛護它，不要隨意去觸碰、揉捏。洗澡的時候，要仔細地洗乾淨，這樣才能保持健康。

爸爸媽媽還要耐心地跟孩子強調，小雞雞是自己的隱私，不能把它暴露在外面，必須穿著小褲褲遮蓋它、保護它。不能讓任何人（包括老師和醫生）觸碰它或者觀看它，如果有人這樣做了，必須立刻告訴爸爸媽媽。

細心的爸爸媽媽可能注意到了，在本章中我們一再強調，在教給孩子性器官相關知識的同時，也要反覆地向孩子灌輸「性器官是隱私，禁止任何人觸碰或者觀看」的概念。為什麼要不厭其煩地這樣做呢？因為對於這個年齡段的孩子來說，是不可能聽一次就牢牢記住爸爸媽媽的教導的，這是由這個階段孩子的身心發育特點決定的。所以，我們必須抓住所有可能的機會，不斷地把隱私和自我保護的概念灌輸給孩子，直到內化成孩子自己的理念。

嘮叨詞典

腋毛

腋毛位於腋下，與陰毛相同，是腎上腺分泌雄性激素的結果。

腋毛出現的時間較陰毛晚 1～2 年，國外報導的平均年齡為 14～15 歲。出現腋毛是進入青春期的標誌之一，絕大部分人都會長腋毛，它可以幫助汗

液蒸發。腋毛的另一個作用是當人體活動（尤其是手臂運動）牽拉著腋窩周圍的皮膚時，造成緩解皮膚摩擦的力量，保護腋窩皮膚，使之不被擦傷。

陰毛

陰毛又稱恥毛，是生長在人類外生殖器上、大腿內側的濃密、捲曲的毛髮。當生殖器官逐漸發育成熟時，外生殖器附近開始長出陰毛。

他山之石

日本人一旦結婚生子，當媽媽的通常每天都會跟孩子一起洗澡，假日則由爸爸負責。所以，日本人從小就看慣了媽媽或爸爸的裸體，長大成人之後，到澡堂或是溫泉泡澡，便不會在意別人的裸體。至於孩子什麼時候才會拒絕跟爸爸媽媽一起洗澡，則各有差異。有些孩子在小學高年級時就會拒絕，有些孩子在國中以後還習慣跟爸爸洗澡。對日本爸爸來說，從女兒拒絕跟他一起洗澡的那一刻，便是女兒長大了的時刻，也是爸爸第一次「失去」女兒的時刻。

——摘自《物語日本》

第四章 走向真實的世界

▌一、走向真實的世界

　　從幼兒期進入兒童期，孩子的心理產生了一些變化。兒童期的孩子，一隻腳已經邁進了現實世界，而另一隻腳仍然固執地停留在童話世界。對他們而言，長大成為警察、醫生、教師是可能的，成為超人、蝙蝠俠、飛天小女警也是可能的。但是，他們這種奇幻的念想，會隨著成長的腳步而迅速地被拋之腦後，甚至於某天你向他提起，他曾經希望和美人魚一起住在海裡，他會用不可思議的眼神看著你：不會吧，我會那麼沒有常識嗎？

　　這個時期的孩子正處在小學的中低年級階段。

　　在身體發育方面，孩子會保持一種緩慢而有規律的生長速度。在 6 歲以後的幾年裡，孩子每年身高增加 5～8 公分，體重增加 2.3 公斤左右。在 6～8 歲期間，女孩比男孩要稍微矮一些、輕一些，但是這種情況到了 9 歲以後就會發生大逆轉。這個階段的孩子下肢發育很快，身體的骨骼增長、加寬，但是韌帶與骨骼之間的結合還不夠緊密。夜間的「生長疼痛」會發生在這個階段的孩子身上，就是他們的大腿會覺得痠痛，這是因為肌肉必須適應不斷增長的骨骼造成的。

　　在動作發展方面，孩子開始表現出不可思議的靈活性，他們的平衡性、敏捷性和力量也都得到了長足的發展。幼兒期做起來困難重重的事情，對這個階段的孩子來說完全是小菜一碟，如跳繩、翻跟斗、雙腳跳等。另外，孩子精細動作的水平也突飛猛進，他們畫的畫和幼兒期比起來可以說是雲泥之別啦！

　　在認知發展方面，孩子進入了心理學家所說的具體運算階段。在這個階段，孩子的思維比以前更加具有邏輯性、靈活性和組織性。例如，他們可以推斷出「和美人魚一起生活在海裡」是不可能的，因為美人魚生活在海裡，她可以在水裡自由呼吸，而我們人類不能在水裡自由呼吸，游泳的時候被水

嗆到可以說明這一點。我們沒法生活在海裡，所以我們不能和美人魚生活在一起。再說，美人魚真的存在嗎？

在自我意識發展方面，孩子會對自己和他人的外貌、能力以及行為進行比較並且做出判斷，還可以在滿足自尊心的同時，實事求是地評價自己的特點和能力。

孩子和爸爸媽媽之間的關係開始變得有些微妙：一方面，爸爸媽媽在他們心中的地位無可取代，是權威、依靠、撒嬌的對象，有時候，有的孩子甚至會表現得超乎尋常的依戀爸爸媽媽，想要和異性的爸爸媽媽結婚（戀父、戀母情結）；另一方面，他們會反覆嘗試挑釁爸爸媽媽建立的原則和底線，就算爸爸媽媽在家裡明確定下規矩，哪些可以，哪些不可以，但孩子可能在不可以的事情上表現得更加突出。

同伴關係對這個年齡段的孩子來說變得非常重要。進入正式的學校環境後，孩子幾乎整天和自己的同學學習、生活在一起，同伴對他們的影響與日俱增，他們會選擇與同性別的同學待在一起。女孩開始有自己最親密的女生朋友，形成了自己的小圈子，她們常常會聚在一起討論自己有多麼喜歡哪個朋友或者特別不喜歡誰；男孩則會一群一群地聚在一起追逐打鬧。同齡朋友意見的影響力對孩子來說越來越大，在這種情形下，如果爸爸媽媽和孩子之間在很多方面的溝通渠道不及早建立，就將永遠失去建立的機會，尤其是在性教育方面。隨著年齡的增長及對自己身體探索程度的加深，孩子之間關於身體的各種「流言」悄然滋生。如果孩子的朋友圈裡再出現一兩個「小小性專家」，那麼，不久爸爸媽媽就會發現，自己的孩子對「小小性專家」幾乎百分之百錯誤的性知識深信不疑，並且不再有興趣和爸爸媽媽進行這方面的探討。如果你不希望自己的孩子受到誤導，那麼，就儘早爭取成為孩子心目中可以信賴的「性專家」吧！

▍二、不要對好孩子的「怪」行為上綱上線

有這樣一則笑話：在安靜的銀行大廳裡，人們排著隊等待業務辦理。隊伍旁邊一個小孩子不停地跟正在排隊的媽媽要求買冰淇淋吃。媽媽不勝其煩，

二、不要對好孩子的「怪」行為上綱上線

又害怕孩子繼續擾民，於是壓低聲音威脅孩子說：「你再吵，這個禮拜都不讓你吃！」孩子哇的一聲哭了，邊哭邊說：「你要不讓我吃，我就把昨天晚上看到你咬爸爸小雞雞的事情告訴奶奶！」

親愛的爸爸媽媽，如果你處在那位媽媽的位置，會有什麼反應呢？是不是也想找個地縫鑽進去？

這個年齡段的孩子，頭腦中裝著「十萬個為什麼」，時時刻刻都準備發問。隨著觀察能力和邏輯推理能力的加強，他們開始嘗試從自己的角度、以自己的方式觀察與理解身邊的事物，並用自己的方法表達出來。他們的一些舉動，在大人看來可能是淘氣、頑劣的，甚至是荒誕、怪異的，但是，從孩子成長的角度來看，的確是他們成長過程中必不可少的。這是孩子在積極地運用自己的頭腦、雙眼和雙手去探索世界的表現，是他們在為一步一步走進真實的世界所做的準備。

請爸爸媽媽尊重孩子探索自身、探索世界的權利，不要輕易把「不聽話」「淘氣」「不學好」「小流氓」這樣的標籤貼到孩子的身上。

你有可能會聽到寶貝女兒宣布她長大了要跟爸爸結婚，也有可能會看到兒子帶著他的同伴在臥室裡禍害媽媽的連身裙，還有可能會碰上孩子在打電話說他看到電視上有人在性交，甚至發現小傢伙不分場合地撫摸自己的小雞雞。

每當這種時候，請你保持鎮靜，嘗試去做「空氣一樣的爸爸媽媽」。什麼意思呢？就是像空氣一樣無影無蹤，孩子不會覺得你隨時都在他的身邊打轉，帶給他巨大的壓力，但是你又確實隨時呵護著他，讓他處在你的引導和保護之中。具體應該怎麼做呢？比如說，當你碰到孩子正在做超出常規的事情的時候，包括上面提到的那些，如果這種行為會給他自己或者別人帶來傷害，那麼，你必須馬上予以溫和、堅定的制止。如果這種行為不會給他自己或者別人帶來傷害，那麼，請你保持冷靜，表面上裝作若無其事，實則認真觀察，看看孩子究竟在做什麼，他的興趣點是什麼，他最終得到了什麼結果，然後再在事後尋找合適的機會與孩子進行交流，教給他正確的知識或符合社會基本準則的行為方式。如果你覺得孩子的行為雖然不會對他自己或者他人

不利，但是當眾做出來也不雅觀（如在公眾場合撫摸自己的生殖器等），那麼，必須馬上制止。這個時候，也希望爸爸媽媽注意自己的方法，千萬不要採取喝斥、羞辱的方式。那應該怎麼做才好呢？轉移注意力是一種不錯的選擇。例如，你可以把孩子正在動作的手輕輕地拉過來握在自己的手裡，對孩子說：「我們去買枝冰棒吃，怎麼樣？」

理性地對待孩子的超常行為，不要帶著富有成人特徵的偏見去看待他們對身體和世界的探索。把孩子的每一次「冒險」都看成他們成長的臺階，把孩子的每一次「出格」都當作一次性教育的機會。儘早給孩子灌輸正確的關於身體、性的科學知識，讓孩子學會保護自己，尊重他人，為健康、快樂的成年生活打下堅實的基礎！

▌三、孩子可能提出的問題

1. 長大了，我可以和爸爸結婚嗎

窘窘小劇場

小諾在老師眼裡是個懂事、聽話的孩子，可是，小諾媽媽卻十分煩惱，因為小諾在家裡經常會做出一些令她頭疼的事情。

都說女兒是爸爸前世的情人，就像印證這句話似的，小諾從小就和爸爸感情特別好，爸爸也很寵愛她，經常帶她出去玩。

小諾媽媽覺得，爸爸媽媽兩個人中必須有一個人扮「黑臉」，否則會慣壞孩子，因此，她主動選擇了不討喜的「黑臉」角色，對小諾的要求比較嚴格。每次小諾犯了錯誤，媽媽總是非常敬業地扮演「黑臉」，結果，小諾變得對媽媽「望風而逃」，到爸爸面前撒嬌，以避免懲罰。漸漸地，媽媽發現，小諾和她越來越疏遠了，有什麼悄悄話也不和她說，而是告訴爸爸。

有一次，爸爸要出差，小諾知道了，堅決不讓爸爸出門。爸爸剛走，小諾立馬失魂落魄，茶飯不思，又哭又鬧，硬說是媽媽「搗鬼」，甚至還說，

要是沒有媽媽，爸爸會對她更好的。爸爸走後，無論媽媽怎樣關心小諾，她都冷冰冰的，不理不睬。爸爸一回來，她就一切恢復正常。

小時候，爸爸給小諾洗澡。後來，小諾一年大一歲，仍然堅持要爸爸給她洗澡。小時候，小諾晚上和爸爸睡在一起，現在都上五年級了，還堅持晚上和爸爸睡。

開始的時候，爸爸媽媽也沒有在意，認為這是孩子氣的表現，長大了就懂事了。但是，有一次，小諾竟然很認真地對爸爸說：「爸爸，長大了我要嫁給你。」

小諾認真的樣子讓爸爸汗毛倒立，讓媽媽無語凝噎。果然，選角色是技術工作。爸爸覺得以前那種時候自己真不應該太溺愛啊！媽媽深深地後悔自己選擇了「黑臉」：這孩子是怎麼了？是幼稚、沒長大，還是出了其他問題？是不是因為自己老是扮「黑臉」才導致現在這種狀況？長此以往，小諾和自己的關係會不會越來越僵？

親愛的爸爸媽媽，你的孩子是否也像小諾一樣，讓你越來越看不懂了呢？你的女兒是否對爸爸言聽計從，而對媽媽「橫眉冷對」？你的兒子是否一直堅持晚上和媽媽睡，或者要求睡在爸爸媽媽中間？你的女兒是否總是幫著爸爸一起攻擊媽媽？你的兒子是否總是在媽媽埋怨爸爸時「幸災樂禍」？……

爸爸媽媽快速反應指南

私人專家課堂

親愛的爸爸媽媽，別緊張，先做幾次深呼吸，調整一下情緒，再來分析問題。遇到事情，先處理情緒，再處理問題，這是棘手問題處理的有效辦法。

調整好情緒，我們再來看看，孩子對爸爸媽媽這種超乎尋常的依戀是不是真的很「奇葩」。

從小諾的表現來看，她有明顯的親近爸爸、反對媽媽的情緒和行為，這是戀父情結的典型表現。也有男孩子依戀媽媽而排斥爸爸的，叫做戀母情結。在實際生活中，有戀父、戀母情結的孩子並不少見。

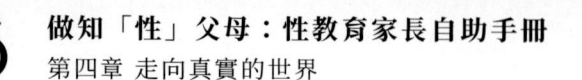

看到這裡，你是不是鬆了一口氣？

下面我們再來看看這種情結產生的原因，以便對症下藥。

心理學研究發現，戀父、戀母情結的形成有兩條軌跡，下面以戀父情結為例進行說明。一是戀父情結多出現於父女相依為命，或父女過於親近而母女親近不足的家庭，這是客觀環境方面的原因；二是有戀父情結者性格多內向，且嬌氣、刁蠻、任性，這是主觀個性方面的原因。戀父情結的癥結是女兒無法與爸爸實現心理分離，甚至有的女兒已經成年還要求與爸爸同床而眠。戀父情結的結果往往很糟糕，不僅會妨礙女孩與同齡男性的正常交往與婚戀（即使在結婚之後，夫妻感情也難深篤），還會影響爸爸的婚姻（有可能因此而釀成家庭悲劇），甚至還可能成為女孩各類精神疾病（包括神經症、精神分裂症與內源性憂鬱症等）及其症狀表現的心理根源。

戀父情結的出現一般源於女孩在 3～6 歲的時候沒有得到正確的關愛和適當的教育。在這一時期，孩子開始注意性別差異，出現對性的好奇心。男孩依戀媽媽，嫉妒爸爸；女孩親近爸爸，嫉妒媽媽。佛洛伊德認為，這是一種本能的異性愛的傾向，一般由媽媽偏愛兒子和爸爸偏愛女兒促成。

女孩戀父情結的發生，只要留心，在很早的時候就可以發現端倪。比如，有的女孩將爸爸常用的東西（如雨傘、火機等）帶到幼稚園，吃飯、睡覺、遊戲都帶著。老師一旦在她午休的時候將這些東西拿走，她就會大哭，甚至用頭撞地。對於其他人的同類物品，她並不接受。這個時候，無論是家長還是老師，都應該正視這個問題。如若不然，待孩子年齡大了之後，戀父情結有可能變得更加強烈，難以控制。同樣的道理也適用於分析男孩的戀母情結，只不過依戀的主體由女兒變成了兒子，被依戀的對象由爸爸變成了媽媽而已。

小諾的戀父情結，究其根源，是由幼兒時期爸爸的過分關注和母愛的不足造成的。由於媽媽工作的忙碌和選擇的教育角色，年幼的小諾與媽媽接觸較少，並且接觸時媽媽都是讓她逃避的嚴厲樣子。在最需要母愛的滋潤時，小諾腦海中印刻的是爸爸的關懷。在成長的過程中，爸爸的嬌寵和媽媽的嚴厲形成了鮮明的對比，造成了小諾在情感上與媽媽的逐漸疏遠，甚至認為是媽媽分享了爸爸本該給予她的全部關愛，漸漸地對媽媽產生了一些怨恨。

請你跟我這樣做

現在清楚了吧？孩子出現問題，病根其實還是在爸爸媽媽身上。那麼，如何改善這種狀況呢？

對於女孩的戀父情結或男孩的戀母情結，爸爸媽媽要在思想上引起重視，行為上進行配合。

具體操作可以分為以下幾個步驟：

● 說服配偶

媽媽或爸爸應該向配偶指出，培養母女、父子感情的第一條好處就是解放自己，同時，對孩子性心理、生理的健康成長也至關重要。媽媽和爸爸結成了統一戰線，戰勝戀母、戀父情結就已經成功了第一步。

● 李代桃僵

媽媽或爸爸應該參與配偶與孩子的親子時光，陪孩子睡覺或者散步，給孩子創造講心裡話的氛圍。原來的被依賴方要巧妙而堅定地疏遠孩子，空出的位置由配偶填充。

● 投其所好，攻守同盟

女孩愛美，媽媽可以和女兒一起逛街買衣服，一起裝扮洋娃娃，一起看電影。爸爸可以和兒子一起打打球、聊聊賽車，在一週內劃出固定的「男子漢」時間，父子倆單獨親近。

只要用心，爸爸媽媽和同性別孩子的親子關係也會很棒！

此外，還有一個觀點可以提供給年輕的爸爸媽媽做參考。有資深心理諮詢師認為，避免孩子產生戀父、戀母情結的一個關鍵，是父母之間的關係和諧而平衡——夫妻之間彼此相愛，同時又深愛著自己的孩子，但卻不會因為對孩子的愛而忽略對配偶的愛。這樣，孩子就會明白，他可以安心地做個小孩，盡情地享受爸爸媽媽對自己的關愛，因為儘管異性的爸爸媽媽如此的愛他，但是，只有強大的同性爸爸媽媽才是異性爸爸媽媽最好的伴侶。

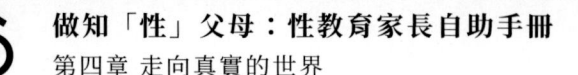

戀母也罷，戀父也好，說到底，都只是孩子成長歷程中的一朵小浪花。要想讓孩子身心健康地成長，需要爸爸媽媽雙方的努力與付出。如果一天，當有人問你的孩子「喜歡爸爸還是喜歡媽媽」，他猶豫著無法決斷，最後說「都喜歡」時，你的心中是不是會非常欣慰呢？

嘮叨詞典

戀父情結

戀父情結又名「厄勒克特拉情結」，指女孩親父反母的複合情緒。在古希臘神話中，厄勒克特拉公主因母親與情人謀殺了她的父親，故決心替父報仇，最後與其兄弟殺死了自己的母親。佛洛伊德藉此來說明兒童的性心理特徵，強調女孩對父親的深情專注，潛意識中有一種取代母親位置的願望。

戀母情結

戀母情結又名「伊底帕斯情結」，指男孩親母反父的複合情緒。在古希臘神話中，伊底帕斯在命運的支配下，殺父娶母。佛洛伊德認為，在男孩的心靈生活中，有以其母親為性對象的慾望，並將其父親當作情敵來憎恨，這是孩子與其父母的關係以及他後來的性發展中的一個中心事實。

他山之石

美國的媽媽常常會和女兒舉辦母女間的「睡衣派對」，談談女孩之間的悄悄話。美國的爸爸則有把一週內某個固定的晚上定為「男孩之夜」的做法，以便和自己的兒子討論男人之間的問題。

2. 媽媽，我是從哪兒來的

窘窘小劇場

俊兒媽媽最近很糾結。吃完晚飯後，俊兒媽媽和俊兒在沙發上看電視，節目正好播放到《動物世界》，影片中詳細介紹了動物是如何繁衍後代的。俊兒看完後若有所思，抬起頭認真地問：「媽媽，我是從哪裡來的？」望著

兒子水汪汪的大眼睛和天真無邪的樣子，俊兒媽媽腦海中閃過許多念頭，是告訴兒子真相，還是……可是兒子那麼小，萬一學壞了怎麼辦？

最後，俊兒媽媽吞吞吐吐地說：「你是我從街上領回來的。」

俊兒有些不可思議，眨巴著大眼睛說：「我是怎麼從街上領回來的呀？我怎麼沒有印象了呢？」

俊兒媽媽絞盡腦汁，語氣不善地說道：「你那時還小，不記得了。那天街上買一袋蘿蔔送一個孩子，我覺得你很乖，就買蘿蔔順便把你帶回來了。」俊兒媽媽說完後，微不可察地鬆了一口氣。

小傢伙聽完媽媽的話若有所思，疑惑的是：為什麼動物是生出來的，而自己是從街上領回來的？如果自己是從街上領回來的，那被媽媽接到家裡之前，自己又在哪裡呢？俊兒的疑惑隨著去小阿姨家玩變得更深了。

俊兒已經很久沒有到小阿姨家玩了，那天剛去小阿姨家，他被嚇了一跳，原來身材苗條的小姨竟然變成了胖子。俊兒脫口而出：「小阿姨，你是不是啤酒喝多了呀？媽媽說啤酒喝多了就會有大大的啤酒肚。」小阿姨有點意外，對俊兒說：「小阿姨這個可不是啤酒肚喲，小阿姨肚子裡有寶寶了呢。」「啊？！」俊兒的小腦袋瓜裡寫滿了驚奇，大呼道：「小阿姨，你怎麼把寶寶吃進肚子裡了呢？」

親愛的爸爸媽媽，你是否正面臨著被家裡的小傢伙追在屁股後面使勁地問「我是從哪裡來的」的窘境？你是否會像俊兒媽媽一樣，用各種謊言來掩飾這一問題的真相？你的孩子對這樣欲蓋彌彰的答案滿意嗎？

爸爸媽媽快速反應指南

私人專家課堂

好奇心是人類的天性，面對好奇的寶寶，爸爸媽媽是應該用善意的謊言隱瞞真相，還是應該坦然地告訴他們生育的過程呢？為了孩子日後的健康成長，也為了與長大的孩子流暢、和諧地討論性問題，家長最正確的做法就是告訴他們真相。當然，和這個年齡段的孩子談論性問題，家長要切記，千萬

別和歡愉、浪漫、性感這類複雜的成人世界的感受聯繫到一起。向孩子解釋「我是從哪裡來的」這個問題，家長應該選擇簡單、易懂的詞句，像解釋生物生殖、繁育一樣用平常的語氣告訴他們這一過程就好。這個年齡段的孩子好奇的只是寶寶是怎麼到媽媽肚子裡的，又是怎麼從媽媽肚子裡出來的這一機械的過程而已。

這個年齡段孩子的爸爸媽媽常常會遭遇以下問題。

● 我的孩子從來不問這樣的問題

孩子從來不問「我是從哪裡來的」的問題並不代表孩子對這個問題不感興趣，也不代表孩子對此一無所知。不論孩子掌握知識的對錯，孩子知道的可不少呢！大部分孩子在這個年齡段對「寶寶是怎麼出生的」已經開始有了模糊的印象，對他們自己的身體也有了足夠的認識。也許孩子只是不好意思向爸爸媽媽提出這樣的問題而已。在這種情況下，建議家長在孩子小的時候主動找機會，利用和孩子在一起的時間，如散步的時候、送孩子上學的時候、和孩子在家裡玩耍的時候或在街上偶遇孕婦的時候，向孩子提出類似的問題：「寶貝，你知道嬰兒是怎麼出生的嗎？」爸爸媽媽這樣的態度，讓孩子知道這樣的問題是可以從他們那裡得到答案的。

● 孩子的提問涉及爸爸媽媽的隱私

隨著交談的深入，孩子可能會提出一些涉及父母隱私的問題。比如，「我可以看看精子是怎麼進入媽媽身體裡的嗎？」也許這樣的問題讓家長既不安又羞澀，覺得難以應對。其實，家長沒有必要為此傷神和大驚小怪，孩子還不明白隱私的概念，更不知道如何去把握提問的尺度。這些問題對孩子來說，可能就和「為什麼電冰箱能製冷」在本質上沒有區別。家長如果覺得孩子的有些問題讓人不舒服，是可以不回答的。不過，家長要明確地告訴孩子哪些是可以做的，哪些是不可以做的。

請你跟我這樣做

家長應該如何與孩子進行這樣的談話呢？

● **家長不需要刻意設計這樣的主題和對話，可以在與孩子一起生活、交流的過程中見機行事**

在性教育中，教育時機的把握非常重要。那麼，什麼時候是性教育的最佳時機呢？答案是：孩子提出相關問題的時候。這個時候，家長一定要不失時機地加以回答，儘量著重回答孩子提問的那個方面，用詞準確、直接，不要遮遮掩掩。很多家長認為，關於性的知識，只要教授給孩子一次就可以了。這是大錯特錯的，要知道現在這個年齡段的孩子甚至連左右都分不清楚，更何況是這麼複雜的問題呢？家長要學會富有耐心地等待和尋找與孩子談論這類話題的合適時機，一有機會就見縫插針。如果哪天孩子追問自己的身體、關注孕婦和嬰兒或與自己的小夥伴談論關於性的話題，爸爸媽媽就可以行動起來，加入到這樣的話題中去。當然，對於孩子來說，問題的答案雖然重要，但是爸爸媽媽關心、真心、耐心地為他們解決問題的態度才是最重要的。

● **開始這類談話的最好辦法就是問問孩子：「你覺得小孩是從哪裡來的？怎麼來的？」**

對於這個問題，在爸爸媽媽眼中什麼都不懂的小毛孩可能會給出一些令人意想不到的答案，他們也許比家長想像的要知道得多。他們也許會認為嬰兒是在媽媽的胃裡長大，然後從媽媽的肚臍眼裡出來；也許會認為嬰兒是趁媽媽不注意，從媽媽的肚臍眼裡爬進去的；甚至會認為嬰兒是被媽媽不小心吃到肚子裡的。耐心地傾聽孩子的答案，雖然這些答案天馬行空、令人發笑，但是爸爸媽媽卻可以從中了解孩子的知識範圍和他們想要了解什麼。這樣，話題就可以從孩子知道的內容出發。

● **跟孩子解釋生育過程的時候，沒有必要從頭到尾將生育過程全部解釋清楚**

在解釋生育過程時，可以採用「爬樓梯」的回答方式，跟著孩子的問題用簡單的語言進行有針對性的回答。孩子的提問到什麼程度，回答就到什麼程度。如果孩子不繼續追問，這一次交流就可以到此為止。

以俊兒的問題為例：

「媽媽，我是從哪裡來的呢？」

「你是媽媽生出來的啊！」

「是怎麼生出來的呢？」

「等你在媽媽的肚子裡長得足夠大的時候，醫生叔叔就會把你從媽媽的肚子裡取出來啊！」

「是怎麼取出來的呢？」

「有兩種方法，一種是在媽媽的肚子上開一個小口子取出來；另一種是媽媽解小便的地方，有一個通道叫做產道，嬰兒也可以從產道出來，像溜滑梯一樣。」

「那我又是怎麼進到你的肚子裡的呢？」

「爸爸身體裡有半粒種子，叫做精子；媽媽身體裡也有半粒種子，叫做卵子。當爸爸媽媽想要小寶寶的時候，就會把精子和卵子放到一起，變成一粒會長出小寶寶的種子，然後它就會慢慢長大，變成你了！」

對於具有強烈探索精神的孩子，或年齡較大、理解能力較強的孩子，還可以輔以簡筆畫，向其解釋受孕的過程。如果孩子要求觀看受孕的過程，應當予以拒絕，明確地告訴孩子：「這是爸爸媽媽的隱私，我們不希望別人看到。」

俊兒媽媽用謊言來逃避問題的方式是不可取的，一方面，會使孩子心中產生失落感；另一方面，媽媽的態度似乎在暗示孩子，關於這方面的話題是個禁區。隨著孩子漸漸長大，他對性知識的興趣會與日俱增，如果與爸爸媽媽之間的溝通渠道被退避的態度阻斷，他只能尋求朋輩間的幫助，或是上網搜尋答案，而這些答案未必是正確的。與孩子建立起討論性問題的良好關係，讓孩子有獲得正確性知識的途徑，是家庭教育中至關重要的環節。

嘮叨詞典

生殖

生殖是指生物產生後代和繁衍種族的過程，是生物界的普遍現象，是生物的基本特徵之一，分有性生殖和無性生殖兩種。

我們一起做遊戲

參觀農家

孩子在動物很多的環境中更容易看到動物的繁殖過程。家長可以陪孩子去農村感受生活，如帶著孩子去雞舍觀察小雞是怎樣孵化的，去豬圈看母豬是怎樣生小豬仔的，也可以到池塘撈點小蝌蚪看牠們是如何變成青蛙的。

3. 穿上裙子我就會變成女孩嗎

窘窘小劇場

濤濤最近一段時間轉了脾氣，變得文文靜靜，甚至有些不言不語。濤濤爸爸覺得兒子現在這樣子不錯，濤濤媽媽卻覺得有點不對勁。雖說濤濤這幾天確實讓人省心了不少，但是面對兒子突然「轉性」，濤濤媽媽直覺地認為不妥。

濤濤「轉性」前是什麼樣子呢？這麼說吧，如果你不明白老話說的「孩子七八歲狗都嫌」是什麼意思的話，那麼，你只要和濤濤待在一起半個鐘頭，就會深刻理解這句話的內涵。上房揭瓦、追狗趕貓、夥同班上同學吵鬧追打，無所不做。每次學校放學接孩子，對濤濤媽媽來說都是一次考驗，因為班上的老師總是將她單獨留下，向她「控訴」濤濤今天又怎麼淘氣了，還總拿濤濤和班裡乖巧的女同學做比較，結案陳詞一般是「都是七八歲的年紀，差別怎麼就這麼大呢」。久而久之，濤濤媽媽臉上掛不住了，一邊感慨為什麼當初自己生的不是女孩，一邊向濤濤爸爸提議讓他去接送濤濤。

這不，濤濤爸爸受命接送濤濤還不到一個月呢，濤濤就「轉性」了。

濤濤爸爸是個火爆脾氣，但凡收到學校老師的「控訴」，如「濤濤又把同學弄哭了」「濤濤上課破壞課堂秩序」「濤濤午休的時候不好好趴在桌子上休息，還吵得不讓其他同學休息」等，濤濤爸爸都會火冒三丈，黑著臉把

做知「性」父母：性教育家長自助手冊
第四章 走向真實的世界

濤濤拖回家。回家後，濤濤的一頓板子是免不了的。本著「棍棒底下出孝子」的想法，濤濤爸爸雖然打在兒身痛在心，但是下手卻沒有猶豫。

大棒政策似乎真的挺見效的，還不到一個月呢，濤濤變了，變得沒那麼愛玩了，變得沒那麼調皮、愛動了，真的成了老師和家長眼中的乖孩子，很多時候都不愛說話，像個悶葫蘆似的。濤濤爸爸對自己的教子方法十分得意，直到有一天，濤濤竟然穿上了媽媽的裙子，訥訥地問道：「爸爸，穿上裙子我就會變成女孩了嗎？這樣我就會更乖了，就不用挨打了，是嗎？」

親愛的爸爸媽媽，對於男孩突然愛上媽媽的首飾、衣物、化妝品，女孩突然迷上爸爸的刮鬍刀、領帶、皮鞋，你是不是有點擔心呢？男孩是不是真的越文靜越好呢？

爸爸媽媽快速反應指南

私人專家課堂

看了上面的故事，爸爸媽媽是不是會覺得心裡酸酸的？濤濤希望透過穿媽媽的裙子來變成女孩，以逃避爸爸的打罵。這樣的辦法，大概也只有這個年齡段的孩子才能想出來吧！

兒童期是孩子性別意識發展的重要階段。在這個階段，孩子已經清晰地知道男孩和女孩在生理上的區別，並且開始逐步理解自己性別的不可改變性。也就是說，他們開始意識到無論穿什麼或做什麼，男孩就是男孩，女孩就是女孩，無法改變。濤濤之所以認為自己穿上女裝就有變成女孩的可能，正是因為他還沒有形成性別不可改變性的概念。

在這個階段，孩子還有一項重要的任務必須完成：認同自己的性別角色。爸爸媽媽的教育任務就是幫助孩子形成正確的性別意識，讓孩子明確並喜愛自己的性別角色，使男孩的行為體現陽剛之氣，女孩的行為表現陰柔之美。性別教育的缺失容易造成孩子成年後性別感覺的缺失。

現在，越來越多的爸爸媽媽喜歡文靜、聽話、乖巧和懂事的男孩，討厭調皮好動、一刻不停的男孩。濤濤爸爸的教育方法是典型的中式教育法，孩

子稍有頑皮就採用簡單、粗暴的方式加以教育。這種中式教育法很有可能抑制了最有創造力的一批男孩，使得他們對自己的性別產生自卑，羨慕女孩。爸爸媽媽難道真的需要一個乖乖聽話的男孩嗎？爸爸媽媽真的希望自己的兒子變得唯唯諾諾、沒有主見、不敢擔當嗎？

近 30 年來，性別科學正在嶄露頭角，對於性別如何影響男孩和女孩的問題，美國、英國、德國等 35 個發達國家的研究表明，男孩和女孩的大腦差別至少有 100 多處。與爸爸媽媽最為關心的問題有關的有如下幾點。

第一，男孩血液中的多巴胺含量較多，流經小腦的血流量更多。多巴胺可增加衝動和冒險行為的機率，而小腦控制著身體的行動，流經小腦的血流量多，小腦就比較活躍。這些因素導致了男孩愛動和無法久坐。

第二，男孩的胼胝體與女孩的體積不同。女孩的胼胝體能允許兩個大腦半球間進行更多的訊息交叉處理，並且可以同時同質量地完成多項任務，而男孩同時只能做一件事。例如，男孩在玩或做別的事情時，老師叫他，他就像沒有長耳朵似的，很多男孩為此遭到老師的訓斥。

第三，在完成任務的休息時間，男孩的大腦會進入一種「睡眠狀態」。比如，停止做筆記、睡覺、做小動作、坐立不安等，透過這樣的狀態使自己恢復、補充能量，為完成下一個任務做好準備。這種對男性大腦活動至關重要的「睡眠狀態」，很可能被老師誤認為是藐視課堂秩序。

第四，女孩在閱讀和寫作水平上平均比男孩超前 1～1.5 年，而這一距離從童年早期開始貫穿整個學習生涯。很多男孩的大腦天生不能很好地適應那些強調閱讀、寫作、複雜的組詞造句的教學方式，儘管這些技能是所有文化不可或缺的。與男孩相比，女孩的大腦中有更大範圍的區域專門負責語言、感知記憶、靜坐、傾聽和語調，因而，複雜的閱讀和寫作對她們而言顯得比較容易，但對男孩而言就會成為比較困難的事情。

當男孩長時間被限制在狹小的空間時，他們就會像熱鍋上的螞蟻般坐立不安，感到困惑和焦慮，隨之便會出現許多違紀問題。同時，男孩喜歡把東

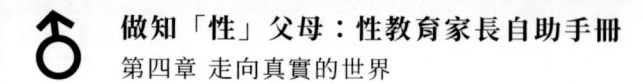

西展開或拆開,然後再重新組合或重建,這也是男孩為什麼喜歡搞破壞的原因。

中國現行的教育重記憶、輕分析,重灌輸、輕方法,紙上談兵多、動手操作少,這在很大程度上有利於發揮女孩的優勢,而男孩的優勢相對來說容易受到壓制。在這樣的教育大環境下,男孩的視覺、空間技能和運動技能等天賦沒有用武之地,他們承受了比女孩更多的指責和打擊,被認為是「問題學生」。很多男孩由於淘氣、違紀和學習等原因被老師勒令請家長,而家長呢,就像濤濤爸爸一樣,回家後就氣急敗壞地把兒子修理一頓。隨著時間的流逝,男孩變得「安分守己」了,而他們的特殊天賦也被鈍化或扼殺了。面對這樣的現狀,家長應該充分發揮家庭教育的優勢,對不同性別、不同性格的孩子採用不同的教育方式,引導孩子認同自身的性別。

請你跟我這樣做

● 爸爸媽媽要首先認同孩子的性別

在孩子出生前,爸爸媽媽都會有這樣或那樣的期待,有的想要女孩,有的想要男孩,這其實是無可厚非的。但是,當孩子一旦降臨,無論你們的願望是否達成,都請你們不要把與孩子性別相關的情緒,尤其是負面情緒帶到他們的撫養過程中,因為孩子對撫養人的情緒是非常敏感的!爸爸媽媽對孩子性別的喜好,可能直接影響到孩子對自己性別的認同感。

● 尊重男孩、女孩的差異

理解男孩、女孩生而不同,給孩子寬鬆的成長空間,不必強求男孩乖巧、聽話、愛乾淨,也不必勒令女孩勇敢、大度、不怕髒。讓孩子遵循自然的法則,自由地成長。給孩子機會,讓他們成為自己本來應有的樣子。

● 面對孩子偶爾的「異裝」,不必驚慌

如果發現孩子有時候喜歡穿著異性的服裝,打扮成異性的樣子,爸爸媽媽也不必驚慌失措。孩子這樣做並不意味著混淆了自己的性別,也不能說明

孩子有同性戀的傾向，他們只是對融入現實世界非常著迷，所以透過這樣的方式去體會成人世界中的不同角色。

嘮叨詞典

多巴胺

多巴胺是一種神經傳導物質，是用來幫助細胞傳送脈衝的化學物質。這種化學物質主要負責傳遞大腦的情慾、感覺、興奮及開心的訊息，與上癮有關。它由腦內分泌，可影響一個人的情緒。

他山之石

美國小學教育的一大特點就是不讓孩子感覺到壓力，讓孩子覺得自己很優秀。學校的學習手冊全是關於玩的內容：萬聖節、感恩節、聖誕節、情人節、復活節的活動，甚至還有新年的活動。透過這些活動，將美國的文化深深植根於孩子心中。

4. 我可以撫摸自己嗎

窘窘小劇場

樂樂媽媽最近遇上了為難的事情，愁得成天睡不好覺，上班的時候做事也不能專心，以致工作中出了好幾次錯，幸虧她的同事小陳細心，不然的話，這個月的獎金就沒有了。

究竟發生了什麼事情，讓樂樂媽媽愁成了這樣？事情還得從一個星期前說起。

那天晚上，像往常一樣，樂樂媽媽在廚房裡忙做晚飯，樂樂做完了作業在客廳裡看電視，而樂樂爸爸照例又在加班。在鍋碗瓢盆的交響曲中，不時地穿插著樂樂從客廳裡傳來的「咯咯咯」的笑聲。做好一盤菜，媽媽端著盤子就往客廳走，準備讓寶貝兒子嘗嘗鮮。沒想到，眼前的一幕驚得她連手裡的盤子都掉到了地上。8歲的樂樂，不知道什麼時候脫掉了自己的褲子，光著屁股側躺在沙發上，一隻手撐著腦袋，另一隻手不停地玩弄著自己的生殖

器，眼睛還沒有閒著，望著電視螢幕，十分起勁地看著動畫片，甚至連媽媽走過來都沒有注意到。直到可憐的媽媽被嚇得弄掉了盤子，小傢伙聽到響聲才轉眼看了媽媽一下。媽媽本以為樂樂會很不好意思地躲躲閃閃，結果劇情根本沒有往她期待的方向發展。樂樂看到媽媽弄掉了盤子的狼狽樣子，覺得十分好笑，隨口嘲笑了媽媽一句：「媽媽，你怎麼也笨手笨腳的，還說我！」絲毫沒有停下自己動作的意思。

樂樂媽媽又驚又氣又尷尬，抓起手邊的東西就往樂樂身上招呼：「你在幹什麼？小小年紀不學好！」打得樂樂光著小屁股滿屋子跑，好不悲慘。幸好樂樂爸爸下班回來，「救下」了樂樂，勸住了媽媽。

晚上，倆口子臥談的時候，樂樂媽媽還直埋怨：「都怪你！成天忙忙忙！兒子也不管，你看看樂樂，變成啥樣了！耍流氓嗎這不是！」樂樂爸爸不以為然：「哎呀，老婆，消消氣，沒那麼嚴重。小男孩，摸摸自己的小鳥算個啥？他不過是覺得摸摸舒服、好玩吧，沒什麼事啦！」

親愛的爸爸媽媽，你是否觀察到自己的孩子也存在著樂樂這樣的情形呢？孩子的行為是否讓你感到震驚和憂慮呢？我們究竟應該怎麼看待孩子撫摸自己生殖器官的行為呢？這種行為的性質，是否和成年人的手淫是一樣的呢？如何引導自己的孩子更加妥當呢？

爸爸媽媽快速反應指南

私人專家課堂

面對孩子這樣的行為，相信深受傳統教育影響的爸爸媽媽不是抓狂，就是無語，甚至懷疑自己的孩子是否正常。一直以來，在傳統教育中，性教育就是雷區，不可說，不可多說。很多爸爸媽媽在自己的成長過程中也沒有接受過正式的性教育，這方面的知識似乎是無師自通的。當爸爸媽媽遇到孩子撫觸生殖器官的行為時，往往採取先入為主的觀點，帶上道德的眼鏡來看待孩子。爸爸媽媽稍安勿躁，先看看心理學家是怎麼看待這個問題的。

著名精神分析心理學家佛洛伊德把人格發展劃分為五個時期，即口唇期、肛門期、性器期、潛伏期和生殖期。兒童期的孩子恰恰處於性器期。這個時

期孩子生理的變化導致了心理的變化，他們表現出對生殖器官的極大興趣，生殖器官成為他們獲得快感體驗與滿足的主要部分。

孩子有時會沉溺於觸摸生殖器官所帶來的愉悅中，這是他們探索身體、進行性實驗的一部分，是很自然的事情。孩子透過這一行為在孤獨時找到安慰，在無聊時自我消遣。

生殖器官的撫觸在嬰幼兒期間就可能出現，到兒童期已相當普遍。不管是男孩還是女孩，從幾個月大時就開始探索自己的身體，小手不停地摸來摸去，其中包括撫摸生殖器官。撫摸生殖器官帶來的快感往往比其他部位強烈，所以他們會給予特別的注意。最初的快感體驗可能是無意的，其強度也往往較弱，但反反覆覆就會得到強化。這完全是一種正常的現象，就像孩子摸摸鼻子、揪揪耳朵一樣，沒有什麼值得大驚小怪的。這種行為和成年人純粹追求性愉悅而發生的手淫是兩回事。從這個意義上講，樂樂爸爸對兒子行為的態度是比較正確的。

嬰幼兒期和兒童期的生殖器官撫觸對孩子的成長和日後建立正常的性反應具有積極影響，關鍵是爸爸媽媽發現孩子的這種行為之後應該如何對待和處理，以避免孩子過分沉溺於這種興趣之中。

看到這裡，爸爸媽媽是不是鬆了一口氣？原來樂樂撫摸生殖器官的行為是正常的、符合心理發展規律的。不過，孩子這種從玩弄生殖器官中獲得快感的行為，如果沒有得到及時、正確的引導，可能會造成手淫習慣。

請你跟我這樣做

● **請你理解自己的孩子**

孩子在性發展的過程中出現的這些行為，是兒童的天性使然，不能用成人世界的道德規範來評判，爸爸媽媽應該尊重、包容和接納孩子在成長過程中出現的這種行為。爸爸媽媽的理解與接納程度直接影響其對孩子性活動的態度，以及親子雙方就類似問題的溝通方式，而這些態度與方式又影響著孩子性心理和性態度的形成，最終對孩子成年後的戀愛、婚姻和人格的形成構成影響。

● 發現狀況，請你控制住自己的情緒

對於幼兒或兒童來說，生殖器官只是他們在撫摸的時候覺得舒服的部分，有時他們的動作甚至是完全無意識的。所以，樂樂在客廳裡的自娛自樂對他來說根本就不是件事，他打心眼裡不認為自己的行為是不正確的，所以被媽媽撞見的時候也就沒有迴避或停止的意識。遇到這種情況的時候，如果爸爸媽媽像樂樂媽媽那樣嚴厲地喝斥孩子，甚至動手體罰孩子的話，很容易使孩子產生嚴重的焦慮，同時也會產生對身體的不良認知。發現孩子正在撫摸自己的生殖器官時，爸爸媽媽不可以隨意粗暴地打斷，這樣會破壞孩子體驗性感覺的過程，成年後可能會出現性功能障礙。

● 最佳做法是：視而不見

是的，你沒有看錯，就是假裝沒有看到，默默地走開，事後再尋找合適的機會（如睡前、洗澡或如廁），不斷地提醒孩子：「在浴室或廁所可以做的事情，是不可以在客廳或遊樂場做的。」「這是私密的地方，不可以讓別人看到。」「這是身體比較脆弱的地方，碰觸的時候不可以很用力。」這樣，一方面，不容易讓孩子產生不當的羞恥感，又教會了孩子社會行為規範；另一方面，讓孩子學會保護自己的生殖器官免受傷害。

● 幫助孩子注意身體之外的精彩世界

爸爸媽媽要注意讓孩子養成開朗、大方、合群的性格，多與其他孩子交往，減少孤寂獨處的機會；讓孩子建立多方面的興趣，充實其生活和學習內容，能較好地淡化和轉移注意力。

另外，要提醒爸爸媽媽的是，給孩子選擇合適的衣著：幼兒期要避免給孩子穿著開襠褲或光著小屁股，兒童期要避免給孩子穿著過於緊繃的褲子或過於暴露的裙子。

嘮叨詞典

西格蒙德·佛洛伊德

三、孩子可能提出的問題

西格蒙德·佛洛伊德（1856～1937年），知名醫師、精神分析學家，猶太人，精神分析學派的創始人。他提出了「潛意識」「自我」「本我」「超我」「伊底帕斯情結」「利比多」「心理防衛機制」等概念。雖然他的精神分析學說後來被認為並非是有效的臨床治療方法，但卻激發了後人提出各種各樣的精神病理學理論，在臨床心理學的發展史上具有重要意義。他著有《夢的解析》《精神分析引論》《圖騰與禁忌》等。他被世人譽為「精神分析之父」，是20世紀最偉大的心理學家之一。

他山之石

在西方，如果爸爸媽媽覺得自己的孩子較為內向，不願意開口和他們討論與性相關的問題，而他們又覺得有必要就這些問題和孩子討論的時候，便會採取以下的方式：

將一些帶有豐富插圖的性教育書籍（如介紹生殖過程的繪本等），放在孩子經常待著、容易發現的地方（如孩子的臥室、玩具間、客廳或浴室等）。給孩子製造拿到這些書的機會，讓他們自己閱讀。然後藉著這樣的機會，開始話題。這樣，爸爸媽媽和孩子之間的討論就不會無的放矢，而是來自雙方都了解的書本內容。同時，聊天的焦點會落在書本上，而不是孩子或爸爸媽媽自身，這樣會降低雙方的尷尬感受，使得談話更容易進行下去。

第五章 了解正在長大的孩子

▋一、你看不見的男孩、女孩的區別

　　家庭是人生的第一所學校，爸爸媽媽是孩子人生中的第一任也是任期最長的老師。為了孩子的茁壯成長，爸爸媽媽逐漸在「家務高手」「生活百科專家」「十萬個為什麼寶典」「家庭醫生」等角色中自由切換。如今，我們已經認識到性教育是影響孩子一生的教育，而對孩子進行性教育必須針對其年齡特點，那麼，小學中高年級的孩子又有哪些特點是爸爸媽媽需要注意的呢？

　　這個階段非常特殊，它是孩子從兒童期向青春期過渡的一個階段。這個時期的孩子，既有兒童期的特點，又兼具青春期的特點，從心理到生理都在為進入青春期做準備。

　　在視覺方面，少年期孩子的差別感受性比兒童期有進一步的提高，10歲時視覺的調節能力最大。

　　在聽覺方面，少年期孩子的聽覺能力已經基本接近成人水平，能區別語言中語音的細微差別。如果6歲兒童的辨音能力為單位1，則7歲為1.4，8歲為1.6，9歲為2.6，10歲為3.7，19歲為5.2。孩子的聽覺敏銳度在13歲以前比成人略低。

　　在空間知覺方面，9～11歲的孩子能比較概括、靈活地掌握左右的概念。

　　在記憶方面，少年期孩子的記憶能力得到了很大的提升，記憶容量隨年齡的增長而增加，有意識記超過無意識記成為記憶的主要方式。

　　在思維發展方面，少年期孩子思維的內在本質特徵成分漸次增多，10歲左右的孩子就初步具備了抽象邏輯思維能力。

　　從具體形象思維到抽象邏輯思維的發展，使得已有自我概念的孩子在進行自我描述時，從具體的外部特徵轉向比較抽象的內部心理。但即使到了小學高年級，孩子對自己的認識仍帶有很大的具體性和絕對性。在整個小學階

段，孩子的自我評價會從對外顯行為的評價逐步轉向對內部心理世界的評價。孩子的獨立意識也在逐漸增強，會希望自己具有選擇權和決定權。

從激素變化來看，為青春期的生長發育做準備的、複雜的激素變化在慢慢發生，在孩子 9 歲左右的時候開始顯現。生長激素和促甲狀腺激素分泌的穩步增加，將促進孩子的身高和體重逐步增長，骨骼也愈加成熟。女孩身高和體重的增長趨勢會在 10～11 歲時開始，而男孩則通常在 12 歲以後才開始。女孩在這一階段會比男孩高、重，男孩在身高和體重方面的「劣勢」將持續到青春期來臨以後。

從性器官的發育來看，大多數女孩在 10 歲左右發現自己的胸部不再像以前一樣平平的，而是開始感覺有紐扣樣的硬塊出現，而且有時候有腫痛的感覺，這標誌著女孩的胸部發育已經進入乳蕾期，這是乳房發育的第一步。男孩的性器官在這個階段發育速度相對平緩，除了緩慢增長的身高之外，他們很難感覺到自己的身體與小學低年級的時候有什麼本質的不同。

值得注意的是，由於飲食結構或環境汙染的影響，有一些本來應該在青春期才會出現的變化可能會提前到這個階段，如女孩的月經初潮，少數孩子甚至在 9 歲左右就會出現。爸爸媽媽一定要提前做好準備，否則，這種變化可能給孩子留下創傷性的影響。

在社會性發展方面，這個階段孩子的同伴交往是其社會性發展非常重要的途徑。成長的環境（學校）為孩子提供了許多同伴交往的機會，在交往的過程中，男孩和女孩之間會有一些競爭和交流。這個階段的孩子會更傾向於與自己同性別的夥伴交往，他們按照相互接近的客觀條件、興趣等因素選擇發展比較穩定的同伴關係。當然，男孩和女孩之間也會出現朦朧的好感，會開始關注異性，對異性產生興趣，希望與異性交往，但有些孩子往往會表現出對異性的故意疏遠或排斥，不與異性來往，嘲笑與異性交往的同伴，不願意與異性同桌等。有些孩子會做出一些戀愛舉動，這種舉動通常帶有很大的好奇和模仿成分。因此，如何幫助孩子順利地建立自我意識，習得健康的社會交往經驗、性角色規範、性道德觀等，是爸爸媽媽需要認真思考的問題。

二、接受孩子正在長大的現實

曾經恨不能分分秒秒膩在你身邊的小寶貝，隨著長大，接受了爸爸媽媽上班的分離；隨著長大，享受著與爸爸媽媽分離後的上學時光。孩子總是用他天真的話語、信賴的姿態，點亮你生活的每一天。你多麼希望孩子永遠那麼天真，永遠對你充滿依賴，永遠與你分享他的一切！

事實上，在孩子進入小學的中高年級以後，爸爸媽媽與孩子的親子關係就會發生明顯的變化。這種變化主要表現在以下幾個方面。

孩子與爸爸媽媽直接交往的時間明顯減少。孩子與爸爸媽媽的交往時間隨著年齡的增長而下降，與同齡夥伴的交往時間隨著年齡的增長而快速上升，與教師的交往時間在小學中年級以前隨著年齡的增長而上升，之後則一直維持在一定的水平。

爸爸媽媽教養關注的重點也從遊戲、生活自理能力、性別意識培養等轉向學習、同伴關係、性道德觀念、性心理健康等方面。

在爸爸媽媽對孩子的影響力方面，6歲以前孩子各種事情的主要決定權在爸爸媽媽手裡，但由於童年期孩子的自我意識發展、成人感等心理，使他們希望自己能夠具有一定的選擇權和決定權；到了少年期，這種要求變得越發強烈。

隨著孩子獨立意識和自主意識的不斷發展，爸爸媽媽必須接受孩子正在長大的事實，認識到自己不再是孩子遇到問題時唯一的求助對象，孩子也會擁有更多的隱私。

一個性健康教育促進會曾對 200 名學生進行封閉式問卷調查，其中對「是否願意就性問題和爸爸媽媽交流？」的調查結果顯示，有 62% 的學生回答「從來都沒有和爸爸媽媽談過」；對「在遇到性困惑問題時求助對象是誰？」的調查結果顯示，有 48% 的學生首先求助於朋友，只有 10% 的學生會求助於爸爸媽媽，僅有 2% 的學生會求助於教師，然而高達 52% 的學生選擇求助於網路、書籍、電臺，甚至色情書刊或光碟。

做知「性」父母：性教育家長自助手冊

第五章 了解正在長大的孩子

少年期的孩子對性知識了解不多，缺乏對性資訊的處理能力，性道德觀有待形成，對性相關問題充滿了好奇心。為了讓孩子健康、快樂、不受傷害的成長，在同孩子交流性問題時，爸爸媽媽要把握以下幾點：

（1）加強溝通，尋找時機，主動談論

學會與孩子保持溝通，是爸爸媽媽一直需要面對的問題。與性相關的問題，如果孩子不問，怎麼才能更好地對孩子提及呢？爸爸媽媽要尋找合適的機會，在舒適、放鬆的環境下主動、自然地和孩子談論性問題。比如，你在專心地開車，孩子在安靜地發呆，你倆其實就處在一個封閉、穩定、適合聊天的環境中，這時，找出一個話題一直聊下去的可能性就會增大；當孩子的身體處於運動狀態或正在做著什麼事情時，他會更容易接受敏感或尷尬的話題；在看電視時，以有些你覺得可能會影射到性的情節和孩子展開話題等。

（2）適當控制，但不要有所避諱

爸爸媽媽是孩子的第一位老師，是孩子依戀、信賴的朋友和長者，與孩子說話時不要有所避諱。刻意的避諱反而會增加性的神祕感，讓孩子更加好奇。爸爸媽媽應該以朋友的身分積極、主動地與孩子交流和溝通，正確疏導孩子的想法、觀點，合理、恰當地向孩子解釋男女生理的差異，增進孩子對異性身體的了解。同時，爸爸媽媽也應該對孩子的資訊來源進行適當的控制，防止孩子受到不良性資訊的傷害，影響身心發展。

（3）以身作則，幫助孩子樹立健康的性價值觀

爸爸媽媽婚姻的質量對孩子的心理發展具有深刻的影響。爸爸媽媽在日常生活中可以透過擁抱等親密接觸，讓孩子感受到男人和女人之間是因為相愛才會做出許多親密的舉動，讓孩子學會判斷什麼行為是在表達愛。

爸爸媽媽應該在接受孩子正在長大的現實後，為孩子樹立「性教育並非單純地傳遞性知識，還包括提倡性道德教育、建立正確的性價值取向、提高自律意識和自我保護意識」的觀念，與孩子達成共識，友好、和善、平等地度過這段時光。

三、孩子可能正在糾結的問題

1. 我喜歡她，這是友情嗎

窘窘小劇場

　　淘氣的小亮 9 歲了，剛上三年級，最近做出了一件讓媽媽哭笑不得的事情。

　　那一天，小亮媽媽偶遇了小亮同班同學小花的媽媽。小花媽媽開口便說道：「小亮媽媽，我們談談吧！希望你能好好管管你家兒子，不要再『糾纏』我家小花了。」在小亮媽媽還未收起詫異之色時，小花媽媽便已連珠炮似的訴說著小亮最近的「劣跡」。具體「罪狀」如下：一上課就偷拽小花的頭髮，一下課就找小花玩，小花要是不理他，他就會摸小花的臉，甚至還親過小花的臉，把小花嚇得跑到廁所躲起來了。同學也都說小亮是個「色狼」！小亮媽媽感到無比尷尬，只能向小花媽媽保證一定不會讓小亮再這樣了。

　　回家後，面對著一臉天真、無辜的兒子，小亮媽媽平復了一下心情，問：「兒子，小花是誰呀？」小亮眼神閃了一下，回答道：「媽媽，小花是我喜歡的人，我沒有告訴你嗎？」「那兒子喜歡她什麼呢？」「我喜歡她成績好，人長得可愛！」

　　小亮媽媽覺得很好笑，有種談話繼續不下去的感覺，但想了想對小花媽媽的承諾，只好三令五申地告誡兒子不許再跟小花玩！兒子也在表面上同意了。

　　小亮爸爸知道這件事後，也忍俊不禁：「我兒子怎麼這麼藏不住事呢？」可是，小亮爸爸又突然很擔心，小亮對小花的好感會不會影響今後的學習和發展呢？應該如何正確引導兒子，讓他不在這份小小的感情裡受到傷害呢？又應該如何應對來自外界的聲音和壓力呢？

　　親愛的爸爸媽媽，你的孩子是否也有這樣讓你哭笑不得的行為呢？你的兒子是否也會時常「欺負」女同學，如揪揪頭髮、捏捏小臉呢？你的女兒是否也會偷偷地和你說她覺得誰特別帥，學習成績又好，她喜歡他呢？你的兒

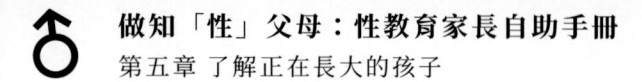

子或女兒是否也會不斷地變換喜歡的對象呢？你是否也在擔心孩子會沉溺於感情，誤入歧途呢？你是否也在煩惱怎麼處理孩子的小小感情呢？

爸爸媽媽快速反應指南

私人專家課堂

小亮媽媽的煩惱很多家長都會遇到，其實，孩子對異性同伴產生朦朦朧朧的喜愛之情是非常正常的。

從小亮的行為來看，他對小花有一定的好感，但又不知道怎麼表達。他以自己的方式試探著和小花相處，卻又不得其法。這正是小亮學習與異性交往的重要時期。

那麼，孩子會有愛情嗎？

人類物種繁衍的自然法則是以性活動為物質基礎，以愛情為精神享受，性與情相結合共同創造幸福，這種法則是寫入了人類物種繁衍的程序中的。因此，人類需要為物種繁衍做物質（性）和精神（愛情）兩方面的準備，對於愛情方面的準備和性方面的準備一樣，都是從幼年期就開始了。

孩子在年幼時的愛情準備基本上是柏拉圖式的，是不涉及性衝動的，在多數情況下只是孩子對異性的好感。孩子對喜歡的對象和相處的模式有很具體的標準，這是他們在學習和異性交往，就異性交往問題進行的嘗試和練習。孩子對異性產生好感是人類的自然屬性，是再自然不過的事情了。

這個時期的孩子會對異性產生好奇，並逐漸產生好感。孩子希望有更多的機會與異性交流，渴望參加有異性參與的團體活動，在團體活動中結識有共同話題的異性夥伴。這是孩子認識和了解異性，產生和異性交往的情感體驗，提高孩子和異性交往能力的好時期。同時，孩子在選擇有好感的異性的時候，由於自身認識的局限，並不會設下如同成人對於優秀異性評價的標準，也可能會同時喜歡上多個異性夥伴，或者短時間內就轉移了好感。這種現象是具有短時性的，也是孩子成熟的過程。

對於如何陪同孩子度過這一愛情的準備階段，無論家長採取放任自流的態度還是強行制止的方式都是不利的。放任自流將使你錯過引導孩子在未來成為一個好男人或好女人和擁有健康的異性交往觀的好時機；盲目「封殺」則可能會導致孩子對異性產生恐懼心理，或弄巧成拙地將友誼變成了「早戀」。

小亮的小小情感體驗是成長過程中的必由之路，需要爸爸媽媽細心的發現。為了幫助孩子順利度過這個階段，爸爸媽媽要給予恰當的引導。

請你跟我這樣做

孩子的「愛情」是其成長的自然屬性，是為了以後和異性交往而進行的「早練」。如何抓住這個時期，幫助孩子健康成長是我們需要考慮的關鍵問題。對於孩子的「早練」，爸爸媽媽要在思想上引起重視，冷靜對待，適當引導。

那麼，具體要怎麼做呢？

● 不亂貼標籤

爸爸媽媽不要因此給孩子貼上「壞孩子」的標籤，尊重孩子的情感，不用否認、恥笑、攻擊等負面方式對待孩子的情感；要避免孩子因此產生的恥辱感和自卑感擾亂了他們對異性情感的正面體驗，影響了他們愛情觀的發展。做到這點，你已經向成功邁出了一大步！

● 以疏代堵

對待孩子的情感，爸爸媽媽要做的是疏導，而不是一味地堵著不讓孩子和異性接觸。爸爸媽媽的正確做法是鼓勵孩子和多個男女同學一同交往，發展友誼，而不是僅僅局限於某一個同學；引導孩子知道自己喜歡某一個同學，是因為他某些方面好，引導孩子向他學習，並且讓孩子知道，跟他表現一樣好的還有許多同學。爸爸媽媽也可以鼓勵孩子把朋友同伴帶回家，一方面有利於了解孩子的交往圈，另一方面也有利於和孩子建立起信任、尊重的關係。

● 感同身受

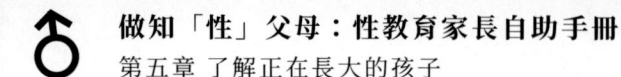

爸爸媽媽應當增加同孩子的交流，多去傾聽、引導孩子，可以對孩子的感受表示接納，也可以和孩子談談自己在這個年齡段時遇到的事情，或是發生在別人身上的事情，藉此了解孩子的想法，還可以打開話題，與孩子談談自己是如何看待感情的。

● **建立規則**

爸爸媽媽要抓住這個機會，幫助孩子建立和異性交往應該遵守的規則，告訴孩子「感情應該是一對一的，就像爸爸媽媽一樣，不傷害對方，不欺騙對方」「你要努力學習，將來成長為一個優秀的人，會有更多的機會得到喜歡的人的青睞」「不可以隨意地親親、抱抱異性夥伴，這是不可違反的規則」等。

嘮叨詞典

標籤效應

美國心理學家貝科爾認為，人們一旦被貼上某種標籤，就會成為標籤所標定的人。第二次世界大戰期間，美國心理學家在招募的一批行為不良、紀律散漫、不聽指揮的新士兵中做了如下實驗：讓他們每人每月向家人寫一封說自己在前線如何遵守紀律、聽從指揮、奮勇殺敵、立功受獎等內容的信。結果，半年後這些士兵發生了很大的變化，他們真的像信上所說的那樣去努力了。這種現象在心理學上被稱為「標籤效應」。

他山之石

第一，這說明你長大了，開始吸引異性的目光了，是件好事。

第二，你要分析一下自己的魅力是什麼。……

第三，不論你是否對這個男生有好感，都要靜觀其變，以不變應萬變。……別讓它成為心理負擔。今後見到他還要和以前一樣落落大方，淡然處之，就像什麼都沒有發生過，否則反而會引起他的誤解。

第四，如果有可能，選個合適的時機直接告訴他，上大學前你不想考慮任何與學習無關的事。要知道，你將來上了大學，機會還多得很，現在根本沒有必要考慮這件事。難道你要為了一棵樹木而放棄整個森林嗎？

第五，寫情書的男生對你的感情根本算不上是愛，充其量是一種好感罷了。真正的愛是需要與責任相伴隨的，他現在對自己都負不了責，生活還依靠爸爸媽媽，對你就更無法負責了。一個沒有能力對女人負責的男人，即便再優秀，女人也不會接受他。

總之，保持優秀，修正不足。將來你還會收到很多很多的情書，贏得更多優秀男士的青睞，到時候，你可要擦亮眼睛，選一個正直、勇敢、堅強、有責任心、有事業心的人，選一個能真正與你風雨同舟、同甘共苦、相伴一生的愛人。

——摘自〈國二女兒收到情書時媽媽說的五句話〉

2. 我為什麼這麼喜歡照鏡子

窘窘小劇場

小佳在老師和家長眼裡一直都是一個好孩子，既懂事又聽話。可是，最近小佳媽媽憂心忡忡，因為小佳近來非常「愛美」。

從步入五年級開始，小佳早上總會在浴室花費大量的時間，有時還會因此而遲到。小佳爸爸和小佳媽媽都想知道女兒早上久進不出的原因。當有一天他們推開浴室的門時，發現小佳一直在對著鏡子一會兒微笑，一會兒皺眉，還給自己梳各種各樣的髮型。小佳媽媽覺得早晨上學時間吃緊，小佳還在鏡子前這樣浪費時間，太不應該了，便立刻大聲訓斥了小佳幾句。這種做法看似有效，小佳的確從此減少了早上梳洗的時間。

幾天後，小佳媽媽在整理女兒的房間時，發現書桌上出現了一些小鏡子、小梳子、髮夾等梳妝用品。小佳媽媽也沒有多想，認為女兒大了，偶爾打扮打扮也很正常，女孩子嘛，都會愛美。

後來，小佳媽媽發現小佳幾乎鏡不離身，不分場合地拿出來照一下。有時候是捧著一本書對著鏡子專心致志地咧嘴笑，不知道在想些什麼，書也不看了；有時候會突然把衣櫃裡的衣服翻出來，對著鏡子試個遍，並擺出各種造型。就算小佳媽媽注意到了，讓小佳別愛美，把精力放在學習上，並沒收了小佳的小鏡子，可小佳愛照鏡子的行為仍然不分場合、不受控制地發展著。

小佳媽媽非常擔心，這孩子是怎麼了？是愛美，還是出了其他問題？這樣下去會不會耽誤學習呢？要做些什麼才能讓她把注意力轉移到學習上呢？

親愛的爸爸媽媽，你的孩子是否也像小佳一樣，開始變得「愛美」了呢？你的孩子是否也常常對著鏡子練習各種表情呢？你的孩子是否也開始在乎他人對自己體態、樣貌的評價了呢？

爸爸媽媽快速反應指南

私人專家課堂

親愛的爸爸媽媽，很高興你注意到了孩子成長過程中容易被忽視的行為。現在，讓我們一起來探討問題的解決辦法吧。

讓我們先來看看，孩子喜歡照鏡子的行為真的很奇怪嗎？

從小佳的表現來看，無論是在廁所還是在教室，她總會時不時地拿出鏡子照照自己。這其實是孩子進入少年期的一個比較典型的行為，在實際生活中，有這樣行為的孩子並不少見。

讓我們接著分析一下這種行為產生的原因，以便更好地解決問題。

其實，愛照鏡子是這個年齡段孩子心理發展的一個特徵。心理學上一直把照鏡子看作人類體驗自我的重要時刻，是尋求「心」與「身」的對應。照鏡子象徵著尋找自我，想知道「我是誰」，這是一種重要的自我意識的覺醒。孩子在空談自我時並不知道自我在哪裡，如果透過照鏡子看到自己的形體，以後對自我的想像就會以鏡子中看到的自己的形象為代表。孩子接納自己是從接納自己的身體外形和面部特徵開始的。

處於少年期的孩子，由於生理發育趨於成熟，身高、體重、體型都出現了明顯的變化，特別是性徵的出現，導致他們的心理也發生了劇烈的變化，其中最突出的就是自我意識。因此，孩子開始關心自己的身體特徵和容貌，並且會以貌取人。在觀看影視節目時，也特別關注演員的長相，如果不漂亮、不帥，就會大失所望。平時，他們很注意別人對自己外貌的評價，尤其是女孩，特別喜歡聽別人說自己長得好看，並會為此而驕傲和自豪。

這些現象反映出外貌特徵對青少年的心理發展所具有的重要影響，但由於這個時期的孩子還沒有形成獨立的審美標準，所以他們往往以其他人，尤其是同齡人的認可和讚賞為最大的滿足，從而達到對自我的認同。應當指出的是，這個階段孩子的心理還沒有完全成熟，他們可能會過分追求表面上的東西，就像站在鏡子前面欣賞自己的模樣一樣。如果家長等閒視之、放任不管，或諷刺挖苦、強行制止，可能會使孩子產生逆反心理，也可能會讓孩子不能順利地實現自我認同。

小佳喜歡照鏡子，是她這個年齡段孩子自我關注、自我認同逐漸形成過程中非常常見的行為。小佳從鏡子裡尋找自己可愛的樣子，正是在接納自己，也代表性意識的覺醒，意識到自己需要一些美的東西。照鏡子和學習之間，儘管在時間上有所衝突，但事情本身並無矛盾。當然，在鏡子前面停留太久，關注自己形象太多，導致注意力從學習上游移的例子也並不是沒有。所以，照鏡子本身不是問題，問題是爸爸媽媽如何幫助孩子把握「度」的問題。

媽媽對小佳的批評和指責會給小佳帶來很大的挫敗感，覺得自己沒有得到媽媽的理解，不被媽媽關愛。粗暴的指責和沒收鏡子的做法，顯然不能解決小佳喜歡顧影自憐的問題，反而可能會使小佳產生逆反心理，產生「你不讓我照鏡子，我偏要照」的心理。

請你跟我這樣做

現在，你明白孩子為什麼喜歡照鏡子了嗎？對於這件事情，爸爸媽媽要在思想上引起重視，但在情緒上不必顯得過於焦慮，這只是孩子成長過程中

的小小插曲，放鬆心態，以便更好地引導孩子度過人生中美麗的階段。你可以嘗試以下一些做法。

● 善用「鏡子」，積極欣賞

當孩子喜歡照鏡子，表現得對自己的外在形象特別關注，或向你抱怨「我這臉看起來怎麼又圓了」的時候，爸爸媽媽千萬不要順嘴就對孩子說：「啥圓了，你這樣蠻好的！」「十來歲的娃娃不好看，什麼人好看？」一旦你這樣對孩子說過，你會發現，他基本上再也不會在你面前提起這個話題，因為他覺得你壓根兒就不關心自己，這樣，你就會失去很多引導孩子的機會。所以，親愛的爸爸媽媽，請和孩子一起關注他所關注的事情，多了解孩子關於自己的長相、身材和衣著的觀點，然後因勢利導。不管你的引導是否能讓孩子全盤接受，但至少能讓他知道有人在關注他的變化，爸爸媽媽對他的成長是認同、欣賞的。

爸爸媽媽的語言和眼睛也是鏡子，爸爸媽媽可以善用這面鏡子，放大孩子的優點，鼓勵孩子信任自己、喜歡自己、認為自己很棒。

另外，獨自照鏡子，容易讓青春期的孩子沉迷其中。如果可能的話，儘量不要在孩子的房間裡、書桌上放置鏡子，但可以在其他地方（如衣帽間、浴廁、玄關等）放置一面大鏡子，這樣既可以滿足孩子自我欣賞的需求，又便於爸爸媽媽控制時間。

● 協調時間，傳遞態度

爸爸媽媽需要和孩子協調好時間，比如，早上起來，幾點到幾點是爸爸媽媽的梳洗時間，幾點到幾點是孩子的梳洗時間。爸爸媽媽要以身作則，嚴格遵守梳洗時間，從而帶動孩子不過度在鏡子前流連。

● 適度滿足，拓展愛好

「愛美之心，人皆有之。」當孩子對自己的外表特別關注的時候，爸爸媽媽不妨給孩子以適當的滿足。除了讚美孩子的成長之外，還可以陪伴孩子購買一些符合他的身分、年齡的時尚衣物，在購物的過程中也可以自然地將你關於美的品味和觀點與孩子進行溝通。

爸爸媽媽還應拓展孩子的興趣、愛好，鼓勵孩子多進行有益、有趣的活動，讓他發現，原來不成天圍著鏡子轉的那個自己才真正精彩！

嘮叨詞典

自我認同

自我認同是指個體將自身內在的感覺、自我意識以及外部評價等加以綜合，從而對「我是誰」這個問題給出自己的答案。自我認同是個體在充分認識自己、了解自己、接納自己（常常從接納自己的外貌開始）之後，把信念和價值觀融入自己的人格中去，並對自我價值進行評價的過程。這種評價通常來自個體在日常生活中對自身的看法。一個人可能在某些事情上覺得自己很聰明或很笨，在某些行為上覺得自己很卓越或處於劣勢；他可能很喜歡自己或很討厭自己……類似這些常在日常生活中出現的自我印象和經驗，日積月累就成為人們對自己的評價，也就是自我認同感。

我們一起做遊戲

你的優點我來說

這個遊戲的目的是幫助孩子學會欣賞自己、認識自己，同時將自我評價和他人對自己的評價做整合。爸爸媽媽可以在晚飯後邀請孩子玩這個遊戲，首先是準備環節，各自準備一張紙，分別寫下包括自己在內的在座每個人的優點與缺點；再進入真相大白環節，讓大家一起來看看互相寫下的優點和缺點，讓孩子認識到自己有多麼優秀，以及還需要加強的地方。

3. 他們為什麼不穿衣服抱在一起呢

窘窘小劇場

貝貝四年級了，性格活潑開朗，是家裡名副其實的小開心果。當然，也會有讓貝貝爸爸、貝貝媽媽頭疼不已的事情。

做知「性」父母：性教育家長自助手冊
第五章 了解正在長大的孩子

有一天，貝貝媽媽去一家私立女子醫院看病，貝貝回家看到媽媽的病例後問：「媽媽，你是不是得了不孕不育症？」貝貝媽媽一問女兒才知道，貝貝經常在多個場合看到這家醫院做的治療不孕不育症的宣傳。

這樣的小插曲倒也沒什麼，因為貝貝並不會過多地追問「什麼是不孕不育症」，貝貝媽媽也沒有如臨大敵，只是對這些不良資訊感到挺厭煩的，它們充斥在貝貝上學的公車上、回家的路上，防不勝防。而之後，在和女兒一起看電視時所遭遇的突發疑問，使貝貝媽媽開始擔心起來。

那晚，貝貝和爸爸媽媽一起坐在沙發上看電視劇，貝貝媽媽看得正入神，突然聽到了貝貝爸爸發出的咳嗽聲。貝貝媽媽轉頭看了一眼貝貝爸爸，貝貝爸爸正一個勁地擠眉瞪眼。貝貝媽媽這才反應過來，原來電視劇裡正播放著男女主角親熱的鏡頭。為了避免尷尬，貝貝爸爸索性起身去上廁所了。貝貝媽媽半天找不到本來放在手邊的遙控器，等找到了，發現貝貝正把手張開捂著眼睛，卻又隔著手指縫偷看呢！貝貝媽媽更是手忙腳亂了。

在找到遙控器的瞬間，貝貝開口問道：「媽媽，他們為什麼不穿衣服抱在一起呢？」「呃……」貝貝媽媽感到特別慌亂，不知道如何回答女兒，立刻拿著遙控器換臺，並對女兒說：「貝貝，媽媽陪你看動畫片，好不好？」

喜歡看動畫片的貝貝，一聽到媽媽主動願意陪自己看動畫片，立馬點頭，尷尬總算過去了。

臨睡前，貝貝媽媽和貝貝爸爸議論起這件事來：「你說，女兒看到這個畫面，她會想什麼呢？」「再遇到這樣的事情，應該怎麼辦呢？」「會不會對女兒造成不良的影響啊？」討論無果，貝貝爸爸翻身睡著了，貝貝媽媽心裡卻七上八下地睡不著了。

親愛的爸爸媽媽，你可曾遇到過這樣的尷尬呢？你的孩子是否也會在看到親熱鏡頭時捂住眼睛，可又掩不住好奇呢？你的孩子是否也問過「他們為什麼要抱在一起」呢？你是否也煩惱著碰到這樣的情況，是若無其事地當作沒看見，還是岔開話題或讓孩子離開呢？

爸爸媽媽快速反應指南

私人專家課堂

在處理孩子面對性資訊的問題上，爸爸媽媽常常很尷尬，生活中一些互動的小細節總是突如其來的挑動著孩子和爸爸媽媽的神經，這更加需要親愛的爸爸媽媽遇事時的冷靜思考。

突如其來的親密鏡頭以及孩子好奇的提問，讓貝貝爸爸和貝貝媽媽手忙腳亂、不知所措，只好以岔開話題的方式來迴避親密鏡頭所引發的貝貝的疑問，事後又不斷思量這樣做到底好嗎？

對於性資訊，家長到底應該採取什麼樣的態度呢？

各種形式的媒體，是性資訊的主要來源。成人的愛情是傳媒熱衷的主題，而成人的愛情往往與性相關聯，爸爸媽媽需要幫助孩子辨別什麼是愛的表達、什麼是色情。人類表達愛情的方式是多種多樣的，身體的親密接觸（如擁抱、親吻、做愛等）是其中重要的表達方式。如果在作品中對性的描寫只是藝術表達的一部分，作品傳遞著健康的主流價值觀，那就是藝術；如果作品僅是以性活動為主，那就是色情。好的藝術作品可以引導孩子理解人性中的美，建構健康的兩性價值觀。色情則會歪曲孩子對人類性活動的理解，發展出扭曲的兩性價值觀。

孩子之間故作神祕的口口相傳，是另外一個防不勝防的不良性資訊來源。孩子從同伴處學到的半懂不懂的字眼，對孩子的影響可能比媒體來得更直接。

我們這個社會到處都充斥著性訊息，廣告、電影、電視劇、流行音樂、小說、報刊、網路，甚至孩子之間的口口相傳，都可能包含著形形色色的性訊息，爸爸媽媽希望孩子能夠一直「一塵不染」是難以實現的。既然不能禁止性訊息為孩子所接觸，爸爸媽媽就需要以積極的態度去思考，當出現這些性訊息時，怎樣與孩子進行溝通。

心理學研究表明，處於性潛伏期的孩子如果受到環境的影響（如看到爸爸媽媽做愛、看到色情影片等）而沒有得到妥善的疏導，將導致孩子性潛伏期的中斷，影響孩子性心理的發展軌跡，從而出現性心理問題。當看到孩子

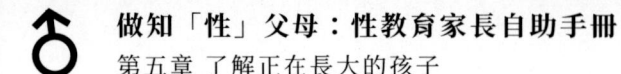

正在看電視裡出現的親密鏡頭時，有的爸爸媽媽過度反應，立刻關掉電視或以其他方式打斷孩子所看的電視節目，這種做法反而會喚起孩子對這些親密情節的關注，從而強化孩子對這些情節的興趣。爸爸媽媽所傳遞的尷尬、罪惡感等負面情緒，也可能使孩子將來對於親密行為產生罪惡感和厭惡感，這對孩子的成長是很不利的。

爸爸媽媽要做好防範和疏導工作，防止孩子受到錯誤性知識、色情訊息，尤其是淫穢資訊等不良性資訊的影響；同時，也要注意與孩子溝通的方式、方法，不當的溝通方式往往會事倍功半，甚至適得其反。

請你跟我這樣做

當孩子和性訊息遭遇時，你可以嘗試這樣做：

第一，幫助孩子建立分辨能力。在孩子的成長過程中，需要爸爸媽媽幫助其發展對性訊息的分辨能力，塑造正確的兩性價值觀。

第二，幫助孩子確立規則。爸爸媽媽要明確告訴孩子，什麼事情是可以做的，什麼事情是不可以做的。

具體來說，你可以這樣做：

● **勿過度反應**

孩子對爸爸媽媽當時的反應是比較敏感的。在孩子的世界裡，那些親密的畫面只是畫面本身，不會有成人看到後的引申意義，而爸爸媽媽的過度反應，會使孩子產生相當矛盾的情感。爸爸媽媽顯得過於尷尬或害羞、強制轉移話題等，都會讓孩子有所察覺。

● **坦然以對**

當孩子問「他們在幹什麼」的時候，爸爸媽媽要坦然相對，以平和的聲音告訴孩子，擁抱、親吻是愛的自然表達方式。這對孩子身心的健康發展是有益的。爸爸媽媽還應告訴孩子，好伴侶是兩情相悅的，很多親密的行為是不能一時衝動就做的。爸爸媽媽也要以身作則，讓孩子在平凡的生活中感受到爸爸媽媽彼此尊重、相濡以沫的情感。

● 適當監管

爸爸媽媽是孩子的監護人，給予孩子的自由應該是內心的自由，而不僅僅是孩子行為的自由。爸爸媽媽對孩子在成長過程中接受資訊的渠道要進行一定的約束，包括孩子觀看的影片、網路上的操作、交友的範圍等。我們提倡親密鏡頭不刻意迴避孩子，但是對於不良資訊一定要進行監管。

● 幫助孩子弄清真相

當孩子嘴裡冒出一些和性相關的詞彙的時候，他可能並不懂得這些詞彙的真正含義，只不過覺得同學都這麼說，他不想讓自己看起來太另類。這時候，一定要問孩子是否真正明白這個詞的含義，如果不明白，那就和孩子一起弄明白，最後告訴孩子：這種說法不文明，使用這樣的詞彙，會對他人造成傷害，我們不允許你用這樣的方式說話。

正確的態度加上良好的溝通，一定能夠讓你和你的孩子在一起觀看電視、享受天倫之樂時，親密的鏡頭不再讓你尷尬；同時，你也不必擔心孩子會被帶壞，因為有你這樣盡職的保護人一直在引導他走在正確的道路上。

嘮叨詞典

淫穢訊息

淫穢訊息主要包括以下內容：

（1）淫褻性地具體描寫性行為、性交及其心理感受；

（2）公然宣揚色情淫蕩形象；

（3）淫褻性地描述或者傳授性技巧；

（4）具體描寫亂倫、強姦及其他性犯罪的手段、過程或者細節，可能誘發違法犯罪的；

（5）具體描寫少年兒童的性行為；

（6）淫褻性地具體描寫同性戀的性行為或者其他性變態行為，或者具體描寫與性變態有關的暴力、虐待、侮辱行為；

（7）其他令普通人不能容忍的對性行為的淫褻性描寫。

色情訊息

色情訊息是指在整體上不是淫穢的，但其中一部分有前述（1）至（7）項的內容，對普通人特別是未成年人的身心健康有毒害，缺乏藝術價值或者科學價值的文字、圖片、音訊、影片等訊息內容。

我們一起做遊戲

分析關係的遊戲

和孩子一起讀書，或者看場電影，隨著故事的展開，設計一些關於故事裡人物之間關係的問題。看完過後，向孩子提問，比如，故事裡的男孩和女孩拉手、擁抱意味著什麼？為什麼電影裡的男孩和女孩要親吻？這樣的親吻和爸爸媽媽吻你有什麼不同呢？等等。這樣可以讓孩子更直觀地明白那些親密的行為是因為愛，也讓孩子理解什麼樣的關係在什麼樣的場合才可以做出親密的行為。

4. 媽媽進我房間為啥不敲門

窘窘小劇場

「爸，媽，我跟你們說了多少次了，進我房間不能敲一下門嗎？」伴隨著小偉這聲怒吼的是「哐當」的摔門聲，門外面帶怒容的小偉的爸爸媽媽面面相覷。

以上是近期小偉家時常發生的事情，家裡硝煙四起，氣氛十分緊張。

隨著時間的流逝，小偉從光著屁股、會經常闖進爸爸媽媽房間亂跑的小屁孩，漸漸變成了衣著整潔、熱愛獨處的安靜少年，喜歡一個人待在房間裡。

對此，小偉的爸爸媽媽很難適應，尤其是小偉爸爸，聽說同事的孩子在房間裡偷看色情刊物被發現了，不禁想起自家的小偉每次放學回家都是緊閉房門，特別擔心小偉是不是在偷偷玩遊戲、看不良刊物。小偉媽媽雖然覺得小偉應該不會這樣，但也很奇怪小偉一個人在房間裡到底在幹什麼，每次進

去給他送牛奶、水果等時，小偉都會不耐煩地說：「怎麼又不敲門？」兩人決定時不時闖進兒子的房間「突擊檢查」，當被小偉發現後，總是會爆發爭吵。

有一天，小偉正在房間裡寫作業，突然聽到身後有開門聲，一回頭，發現是爸爸正準備進他的房間。小偉跳了起來，衝到門邊，猛地將門反鎖上，怒聲喊道：「有什麼事？為什麼不能敲門進來？」小偉爸爸也怒火中燒，覺得白養小偉這麼大了，自家的孩子有什麼是爸爸媽媽不能看的呢？於是找來備用鑰匙，偏要進去看個明白。小偉聽到爸爸要開門，便用身體抵住了房門。

從那以後，小偉回家進房間後的第一件事就是鎖門，並用房間裡的家具把門堵上，也變得不愛和爸爸交流了。

小偉爸爸開始有些後悔了，覺得不應該強硬闖入孩子的房間，長此下去，小偉會不會和自己的關係更緊張了呢？但又覺得自己只是關心孩子，孩子要是沒有什麼祕密，為什麼不能就這樣進他的房間？

親愛的爸爸媽媽，你的孩子是否也是一回家就躲進自己的房間一個人待著呢？你的孩子是否也排斥你隨意進出他的房間，甚至鎖門抗議，和你大吵大鬧呢？你的孩子是否也會在門上掛著「有事請先敲門，允許，方可進入」呢？你是否也有類似的困擾，也擔心孩子和你漸行漸遠呢？

爸爸媽媽快速反應指南

私人專家課堂

親愛的爸爸媽媽，門的一邊是你對孩子的關心、愛護，另一邊是孩子成長中想要的獨立空間。「敲不敲門」實際上已經是困擾很多家庭的問題。

讓我們一起放鬆一下心情，暫緩一下緊張情緒，再來處理問題。

從小偉的表現來看，他喜歡待在自己的房間裡，不希望爸爸媽媽不敲門就進房間，不希望爸爸媽媽對自己有過多的干涉，這些都是小偉需要爸爸媽媽「尊重隱私」的典型表現。

那麼，讓我們一起來看看，孩子為什麼會有「尊重隱私」的需要呢？如果需要得不到滿足又會怎樣呢？對這些問題的探討有助於我們思量接下來應該怎麼辦。

心理學研究表明，青少年在成長的過程中，心理上會表現出成人感與幼稚感、閉鎖性與開放性的矛盾。其中，成人感的產生會讓孩子漸漸在生活中不希望受到爸爸媽媽過多的照顧或干涉，渴望別人把他當作大人，尊重他，平等地對待他。否則，孩子便會產生厭煩情緒，也會感覺自尊受到傷害。閉鎖性則會使孩子不再像幼兒期那樣心裡有什麼話都會和爸爸媽媽說，而是要求保留一片隱蔽的天地。成人感讓孩子有了得到尊重、信任的需要。有了閉鎖性，自然就有了保護隱私的要求，就會想要更多的獨處機會。處於這樣的成長階段，孩子的自尊心、自信心都非常脆弱，如果感到不受尊重、不被信任、不獲認同，孩子就會受到傷害，感到痛苦。由於這個階段孩子心理上的幼稚性，思想和行為上的盲目性，對於給予傷害的對象，往往會說出過激的批評之詞，甚至發生衝突，或者為了當個好小孩而發生心理上的退縮，放棄成長，變得幼稚。

爸爸媽媽希望孩子在任何時候都透明地呈現在自己眼前，於是有意無意地否定孩子的隱私權。同時，由於孩子的驟然成長，爸爸媽媽未能適應有了祕密的孩子，以致產生心理失衡、訊息真空等感受，這也會促使爸爸媽媽從各種渠道去了解孩子，包括一些不尊重孩子的手段。

以小偉為例，他一放學回家就喜歡待在房間裡不出來，正是其閉鎖性的心理使然。隨著生理和心理的發展，小偉會有更多的隱私，會希望有獨立的空間。小偉媽媽時常進入小偉房間關心小偉，而小偉由於成人感的作用，覺得自己已經長大了，媽媽這樣的關心是仍然把自己當作小孩子對待的表現，於是產生牴觸心理，情緒也變得非常煩躁。對於爸爸媽媽的「突擊檢查」「破門而入」，小偉感受不到爸爸媽媽對他的尊重，認為隱私被侵犯了，在對抗不成後，會對爸爸媽媽的不尊重、不信任產生怨懟，也會漸漸開始不信任爸爸媽媽，甚至會產生逆反心理。

請你跟我這樣做

「敲不敲門」實際上是爸爸媽媽和孩子觀念的衝突，家長否定孩子的隱私權，認為自己的所作所為是為了更好地了解孩子；孩子出於成長的需要，要求爸爸媽媽尊重他們的隱私。

那麼，到底應該怎麼做才能既尊重了孩子的隱私，又不影響爸爸媽媽了解孩子呢？

● 轉變觀念

爸爸媽媽應該轉變觀念，如同自己都有個人空間一樣，孩子也需要屬於自己的空間；如同自己單獨在房間裡的時候不願意被孩子看到一樣，孩子也有他們的情感世界。孩子作為獨立的個體，需要被尊重、被信任，爸爸媽媽應該保護孩子的心靈，尊重孩子的隱私。孩子得到了爸爸媽媽的尊重，也會懂得如何尊重他人。

● 適當無知

在孩子小的時候，爸爸媽媽扮演的是一個無所不能的角色，可是當孩子慢慢長大，爸爸媽媽還讓孩子什麼都聽自己的，那就糟糕了。爸爸媽媽可以把自己從權威的角色放下來，與孩子開誠布公，告訴孩子：「爸爸媽媽不知道你現在在想什麼，如果需要爸爸媽媽做什麼，可以詳細地告訴我們嗎？」就算孩子提出的是與你觀念相悖的要求，也要耐心傾聽並適當引導。

● 相互尊重

如果爸爸媽媽需要對孩子的成長進行指導，可以多花些時間陪陪孩子，身體力行地做榜樣，比起私自闖進孩子「獨立」的領地更奏效。比如，告訴成長中的孩子，在進入爸爸媽媽的房間前請先敲門，爸爸媽媽也會在得到你的允許後再進入你的房間。

只要用心，成長中的孩子和爸爸媽媽的關係會非常融洽。當有一天，孩子主動告訴你他的「小祕密」，你是否會很欣慰呢？

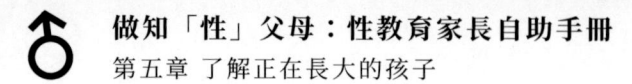

嘮叨詞典

成人感與幼稚感的矛盾

成人感是青少年認為自己長大了，因而在一些活動、思維認識、社會交往等方面，表現出「成人」的樣式。在心裡，渴望別人把自己當作大人，尊重自己，理解自己。但由於年齡的不足，社會經驗、生活經驗及知識的局限性，在思想和行為上往往矛盾性較大，不能控制自己，容易做傻事，帶有明顯的孩子氣、幼稚性。

閉鎖性與開放性的矛盾

青少年需要與同齡人、爸爸媽媽平等的交往，渴望人與人之間彼此敞開心扉。但由於每個人的性格和想法不一樣，使他們找不到渴求的釋放對象，常常會以記日記等方法疏放情感。心裡話想找合適的對象傾訴，由於自尊心，不願被他人知道，就形成了既想讓他人了解自己又害怕他人了解自己的心理。

他山之石

女兒有了煩心事，媽媽敲門在先，女兒未做理會。因此，媽媽站在房門口外和女兒談心，說著她自己年輕時候的事情，直到女兒允許她進入，媽媽才推開了並未鎖上的房門。

——美國系列電視劇《成長的故事》場景之一

第六章 家有孩子初長成

一、家有孩子初長成

　　隨著孩子上國中的腳步，他們也將迎來人生中的另一個階段——青春期。青春期是孩子身體發育的高峰時期，也是性成熟的時期，它將貫穿於孩子的整個中學階段，包括國中和高中，歷時 6 年左右。

　　在外形的發展方面，孩子的身高會迅速增長，不經意間，原來總是抬頭仰視你的孩子，可能已經能夠與你平視甚至需要低頭和你對視了。孩子的體重迅速增長，到 15 歲左右，孩子的體重已經接近成年人了。你還會發現，孩子的容貌比起小時候也發生了變化，髮際線推高，兩鬢向後方移，嘴巴變寬，嘴唇開始變得豐滿，童年時代的容貌特徵漸漸消失，取而代之的是一張充滿青春朝氣的、長大的面孔。

　　在大腦的發育方面，青春期孩子的神經元對刺激性神經遞質的反應更快，換句話說，青春期的孩子在面對讓他們感覺到有壓力的事件時，反應會更加激烈，同時，對愉悅刺激的體驗也更加強烈。也就是說，同樣一件事情，青春期的孩子能夠比成年人感受到更強烈的快樂或者悲傷。在這個階段，大腦每天需要休息的時間和小學階段差不多，仍然是 9 個小時左右，但是，由於大腦調節睡眠時間的方式發生了變化，再加上沉重的學習壓力，導致孩子很難像小時候一樣保證充足的睡眠，這對孩子的學習和身體都是非常不利的。

　　在思維的發展方面，國中生思維的最主要特點是抽象邏輯性，他們已經能夠熟練地運用假設並檢驗假設，而高中生的抽象邏輯思維則具有更加充分的假設性、預計性和內行性。抽象邏輯思維的發展在高中階段進入成熟期，也就是說，高中二年級以上孩子的思維水平已經和成年人基本一致，甚至在某些方面還略高，他們已經可以像爸爸媽媽一樣的思考問題啦！

　　在情緒的發展方面，青春期的孩子常常顯得喜怒無常。有研究顯示，青春期的孩子比小學生和成年人擁有更多的負面情緒。青春期期間的親子關係也面臨很多挑戰，爸爸媽媽和孩子之間的親子衝突會顯著增加，具體表現為

孩子對爸爸媽媽的疏離和反抗。有人認為，這可能和青春期孩子自身心理的矛盾性有關。也有人認為，這種行為可能具有適應意義，因為在靈長目動物中，幼崽在青春期前後就將離開家庭群體，而人類的青少年無法在這個時期離開家庭，所以用現代的隔離物——心理距離來取代物理距離。

在性的發育方面，青春期孩子性激素的分泌顯著增多。在青春期以前，無論是男孩還是女孩，都僅會分泌少量的性激素。性激素有雄性激素和雌性激素之分，男女同時具有這兩種激素，只是二者的比例不同。對男孩來說，雄性激素主要是由睪丸釋放的睪丸激素，它能促進肌肉生長，使男孩出現體毛、面毛和其他一些男性的特徵。女孩的卵巢負責分泌雌性激素，它會使女孩的乳房、子宮和陰道發育成熟，促進月經的產生並調節月經週期。女孩體毛的出現，主要是由腎上腺分泌的雄性激素的刺激導致的。

在性器官的發育方面，男孩的生殖器進入青春期後迅速發育，15～20歲左右發育到成熟水平。這個時期男孩睪丸體積的大小、陰莖的長短與大小，個體之間有很大的差異。男孩第二性徵的發育表現為陰毛、腋毛、鬍鬚及體毛的生長，聲調的改變及喉結的突出。女孩進入青春期後，內、外生殖器迅速發育。外生殖器轉變為成人型，陰阜隆起，陰毛出現，大陰唇變肥厚，小陰唇變大並出現色素沉著。這個時期的女孩開始出現月經初潮和明顯的乳房增大、凸起，臀部也變得豐滿。

在性意識的發展方面，青春期孩子的性意識開始覺醒並迅速發展，越來越明確的性意識及性衝動會自然而然地產生。青春期孩子性意識的發展錯綜複雜，充滿著矛盾與衝突。心理學家根據青春期孩子性意識、性心理的特點，將其性心理發展分為三個階段：異性疏遠期、異性神祕期、異性戀愛期。

青春期是人一生中性最活躍的時期，既是性開始發育並逐漸成熟的時期，又是性困惑最多的時期；既是獲得性意識、發展性心理的關鍵時期，又是確立性觀念、培養性道德的重要時期；既是最容易出現各種異常性心理問題的敏感時期，又是預防和矯治各種性心理障礙的最佳時期。

親愛的爸爸媽媽，你們準備好了嗎？

二、緊跟孩子成長的節奏

　　親愛的爸爸媽媽，還記得自己的青春期嗎？在那些充滿著變化、挑戰與說不清、道不明的情緒的青澀時光裡，你也曾為身體的變化而茫然不知所措過，也曾為爸爸、媽媽和師長不能及時理解自己的想法而憤怒過，也曾在成長的道路上跌跌撞撞、步履蹣跚過。如果你還記得，那麼，請你一定要對自己正處在青春期的孩子多一份包容，多一點耐心，多一些理解，陪著他們一起走過這段成長的路程。

　　進入青春期後，漸漸長大的男孩、女孩不再像以前那樣，認為爸爸媽媽無所不能，從而繼續保持以爸爸媽媽為榜樣的態度，取而代之的是，他們看到爸爸媽媽也有很多不足，對爸爸媽媽的依賴不斷減少，而反抗情緒持續增加。同時，由於自身洞察力與對他人認識能力的發展，青春期的孩子能夠從人的整體人格出發對爸爸媽媽的優缺點進行全面的評價，認為爸爸媽媽雖然值得尊敬，但是也有很多缺點。

　　當孩子的情感中充斥著對爸爸媽媽的反抗情緒的時候，爸爸媽媽要先關注孩子的情緒，再來討論性教育。

　　心理學界有句名言：「孩子的問題，追根到底，80% 以上都是父母的問題或是由父母造成的問題。」所以，爸爸媽媽應該主動調整自己的心態，積極關注和科學疏解孩子的情緒，引導他們順利度過青春期。

　　爸爸媽媽應該如何關注孩子的情緒呢？

　　第一，爸爸媽媽要加強觀察，提前做好應對準備。青春期不是突發的、短期的階段，而是一個循序漸進的、長期的過程，爸爸媽媽要注意觀察孩子的細微變化，以便及時疏導孩子的相關情緒，降低孩子青春期前期無所適從的莫名焦慮感。

　　第二，爸爸媽媽應尊重孩子的獨立意識，正視孩子青春期的反抗行為。爸爸媽媽應正確認識孩子反抗行為的矛盾焦點所在，即成長者對自己發展的認識超前，而爸爸媽媽對他們發展的認識滯後。爸爸媽媽在這一時期要善於

體諒孩子的情緒狀態與困境，不能再把孩子作為支配的對象，要順應孩子自我發展的需求，讓孩子成為獨立的自我。

第三，爸爸媽媽應言傳身教，教給孩子一些調控情緒的方法，及時消除不良情緒。處於青春期的孩子，情緒變化強烈，往往帶有衝動性，且不善於用理智來控制自己的情緒。當他們出現抑鬱、焦慮、煩躁、憤怒等消極情緒時，爸爸媽媽要教會他們積極的應對方法，如引導其糾正非理智的觀念，適時轉移其注意力，使其理性地面對情緒的週期性變化等。

第四，爸爸媽媽應主動與老師溝通，爭取老師的配合與支持。爸爸媽媽要養成主動與老師溝通的習慣，及時了解孩子在學校裡的情況。在溝透過程中，爸爸媽媽不能只了解孩子的學習成績，更要了解孩子身心成長的全面情況；不能只聽「告狀」之辭，更要掌握孩子的進步表現。同時，也要將孩子在家中的良好表現告訴老師，達到家長和老師相互溝通，形成對孩子統一認識、關注焦點、正面鼓勵、積極引導的良好氛圍。

第五，如果孩子在青春期表現出的情緒和行為反常，已經超過了爸爸媽媽可以控制的範圍，爸爸媽媽也可以尋求心理健康專業人員的幫助，如心理諮詢師。

在關注好孩子的情緒、與孩子建立起能良性互動的溝通渠道後，我們再來看看性教育的問題。

青春期的性教育應當遵循從性相關知識的傳授到性相關行為規則的制訂，再到性道德感的樹立的路線圖。也就是說，青春期初期的性教育側重於性相關知識的強化；青春期中期則要幫助孩子建立性方面的底線——什麼是能做的，什麼是不能做的；到了青春期後期，與孩子交流的重點就是如何樹立正確的性道德，從而為孩子成年後的愛情和婚姻生活做鋪墊。

由於孩子理解能力的增強和知識獲取渠道的增多，性教育的手段也不再局限於親子交談這一種，爸爸媽媽可以利用多種形式實現性教育的目的。例如，可以購置性教育的書籍、影片，放在家中孩子觸手可及的地方，方便孩子在有興趣的時候了解；可以關注孩子的社交媒體，或者加入孩子的朋友圈，

在社交媒體和朋友圈裡分享性教育的連結，引導孩子和他的朋友一起來關注正確的性知識和性的相關理念；還可以邀請孩子參加專業社團組織的性教育工作坊。總之，性教育的形式可以多種多樣，但目的只有一個：引導孩子擁有正確的性知識，持有主流的性道德。

三、孩子正在面臨的挑戰

1. 又弄髒了床單，怎麼辦

窘窘小劇場

　　淘淘是一個樂觀、開朗、成績優秀的陽光小少年，今年上國二。他什麼都好，就一點，像媽媽說的：「隨了爸爸，太懶！」平時別說是幫助媽媽做家事了，就連自己房間的整理、內褲的洗滌都推給媽媽做。

　　最近，媽媽覺得有點兒奇怪，已經連續三天沒有在髒衣籃裡看到淘淘的內褲了。她很鬱悶：難道這小子懶出了新高度，內褲連換都懶得換啦？

　　晚上淘淘回到家，面對媽媽的「興師問罪」，先是一愣，隨即又嬉皮笑臉地說：「媽媽，不是啦，我這不是孝順你嘛！以後我的內褲，還有我的床單，都自己洗！」媽媽含笑答應，但是總覺得哪裡不對勁。

　　又過了幾天，媽媽終於發現不對勁的地方在哪裡了：淘淘勤快得太反常了，床單三天兩頭都要換。這孩子，在想啥呢？邋遢大王有潔癖了？媽媽憋不住跟爸爸講了，爸爸聽了哈哈大笑，拍著媽媽的肩膀說：「孩子他媽，淡定！你兒子長大啦！」

　　淘淘媽媽沒有反應過來，淘淘爸爸對著她附耳低語了一番，淘淘媽媽紅著臉啐了一口，說：「什麼長大！是學壞了吧，不做亂七八糟的夢會那樣！看來必須得好好教訓一下才行！」

　　親愛的爸爸媽媽，你有沒有發現自己的兒子也像淘淘一樣變得超乎尋常的「勤快」？你的孩子是否也羞於開口與你溝通？你是否也覺得孩子的夢遺是學壞的結果？

第六章 家有孩子初長成

爸爸媽媽快速反應指南

私人專家課堂

許多孩子會把夢遺這種生理現象看作病症而憂心忡忡。那麼，應該怎樣看待夢遺呢？只有搞清楚夢遺發生的原因和機理，才能正確對待它。

夢遺是一種生理現象，分為夢遺和滑精。男孩到了青春期，性器官逐漸發育成熟，睪丸開始不斷地產生精子和精漿，精子和精漿混合起來就成了精液。當精液在體內積聚到一定數量時，就再也沒有空間儲存了，於是會透過夢遺的方式排出體外，這就是「精滿則溢」的道理。這種現象在夢中發生就叫夢遺，在清醒狀態時發生就叫滑精。

夢遺可能是由性夢引發的，也可能是因被褥過暖、內褲過緊對陰莖刺激的結果。夢遺前的性夢可能是很含糊的，孩子在夢遺後無法回憶起性夢的主要情節；也可能是很清楚的，孩子在清晨醒來時可以清楚地回憶起夢中所發生的事件。

有統計顯示，男孩的首次夢遺一般發生在 13～14 週歲之間，最遲有超過 17 週歲才報告首次夢遺的。男孩首次夢遺時間的早晚，受到經濟、文化、社會環境等諸多因素的影響。一般來說，經濟發達地區男孩的首次夢遺時間早於經濟欠發達地區的男孩；同一地區不同民族男孩的首次夢遺時間有所不同，漢族男孩的首次夢遺時間晚於蒙古族男孩，但卻早於回族、黎族和藏族男孩；身體肥胖男孩的首次夢遺時間早於體型正常的男孩。如今，男孩的夢遺和女孩的初潮一樣，呈現出普遍提前的趨勢。

人們對於男孩的夢遺在認識上通常存在以下幾個誤區：

其一，像淘淘媽媽一樣，認為是孩子「不學好，腦子裡想亂七八糟的東西」才導致了夢遺。其實，夢遺是男孩性成熟的生理標誌，是自然而然的事情。只不過夢遺通常會伴隨著模糊的性夢，所以常常會被誤解。

其二，源於我們傳統的觀念，認為「一滴精，十滴血」，夢遺是非常傷害身體的事情。其實，夢遺是青少年常見的正常生理現象，約有 80% 的未婚

青年都有過這種現象，正常的未婚男子，每月夢遺可達 2～8 次。除病理性的夢遺之外，這種現象對身體沒有傷害，也不是身體有病的表現。

其三，認為一旦發生夢遺，就表示男孩的身高已經基本長到頂了，沒有多少長高的潛力了。事實上，有研究顯示，男孩的首次夢遺時間與身高的突增高峰基本同步。也就是說，首次夢遺時間也可以看作男孩身體生長高峰時期來臨的標誌，而不是正好相反。

其四，認為夢遺早的男孩比夢遺晚的男孩個頭矮。某醫科大學進行的一項長達 10 年的追蹤研究顯示，首次夢遺時間的早晚對於男孩以後身體的充實程度、心肺發育、體力等都沒有明顯的影響，只是首次夢遺時間較早男孩的肩寬從統計數據上來看要窄於首次夢遺時間較晚的男孩，這可能是由於晚夢遺者在首次夢遺前雄性激素維持在較高的水平，所以使得其體型更趨向上寬下窄的男性體型。

總之，對於青少年而言，偶爾的夢遺是正常的生理現象，不必過於恐慌，更不是不道德的事。粗言惡語或避而不談都會給孩子的心理帶來傷害，造成不必要的心理負擔。對於爸爸媽媽來說，如果男孩超過 17 歲都沒有出現首次夢遺的話，那才是真正應該感到擔心的事，因為這有可能是生長發育遲緩的一種表現，必須及時帶孩子到醫院尋求幫助。

請你跟我這樣做

儘管成年人都知道，夢遺是一種正常的生理現象，但是爸爸媽媽仍然要重視對孩子進行心理疏導與溝通，不要讓本來正常的生理現象成為孩子的精神負擔。

● 提前溝通勝於事後彌補

爸爸媽媽應當把握孩子成長的節奏，在男孩首次夢遺年齡到來之前告訴孩子關於夢遺的生理知識，讓孩子理解夢遺只不過是身體成熟的代表，不是什麼見不得人、羞於啟齒的「骯髒」事情。同時，也要提醒孩子，隨著首次夢遺的到來，他的陰毛和腋毛也將逐步出現，讓孩子心裡有所準備。

● 幫助孩子建立夢遺後的「應急處理方案」

爸爸媽媽應該告訴孩子夢遺的處理方法：

第一，事先在床上放些衛生紙或小毛巾，以便及時擦拭，避免被動、尷尬。

第二，另外再準備一條內褲（可以放在被套內），以便及時更換。

第三，換下的內褲應隨即清洗，並在陽光下曝曬（裡層要朝外、朝陽），達到防菌、殺菌的效果。

第四，夢遺後必定會有少量精液殘留在尿道內，最好去廁所小便一次，使之及時排出，有條件的話最好用水徹底清洗乾淨。

第五，如果不慎弄髒了內褲、床單，不必害羞，畢竟爸爸媽媽都是過來人，完全可以理解這樣的問題。精斑清洗並不困難，只要用加酶洗衣粉浸泡，然後再清洗，就可以將衣物上精液的斑漬洗乾淨了。

● 幫助孩子增加營養，加強體育鍛鍊，充分發揮「生長潛力」

前面我們已經提到，孩子初次夢遺時間和身高突增高峰基本同步。為了幫助孩子在這個階段快速成長，爸爸媽媽一定要給孩子做好「後勤工作」，關注孩子的營養攝入量，多給孩子食用富含蛋白質、維生素和優質鈣元素的食物，同時鼓勵孩子在繁重的學習之餘，積極進行體育鍛鍊。有研究證明，若經常進行游泳、球類等全身性活動，配合拉伸、後仰、展肢、曲臂懸垂等體操鍛鍊，可以使青少年的成年身高增長 2～6 公分。

● 男孩也需要被關注

大概是受傳統觀念的影響，人們普遍認為男孩應該獨立、堅強，再加上男孩在青春期的身體發育基本是隱性的，所以，人們有意無意地忽視了對青春期男孩的關心和照顧。其實，青春期的男孩也需要大人的關心和照顧，他們在這個階段遇到的困惑和煩惱絲毫不少於女孩。

嘮叨詞典

精液

精液是指雄性動物或人類男性在射精時（通常處於性高潮狀態），從尿道中射排出體外的液體。正常的精液是一種黏稠的液體混合物，由精子和精漿組成。精子由睪丸產生，在附睪內成熟，通過輸精管道輸出。精漿主要是前列腺、精囊腺和尿道球腺等附屬腺體分泌的混合液，還包括少量睪丸液、附睪液等。平時，精子和精漿「各安其位」，在排精過程中，精子和精漿混合構成精液。

精液中精子占 5% 左右，其餘為精漿。精漿中除了含有大量的水、果糖、蛋白質和多肽外，還含有多種其他糖類（如葡萄糖）、酶類（如前列腺素）、無機鹽和有機小分子，這些成分與血漿的成分相似。精漿中的糖類（主要是果糖）和蛋白質，可為精子提供營養和能源。

他山之石

教育專家黃全愈在《怎樣培養後勁十足的孩子》中說：「最理想的狀態是家長本身不墨守成規，家庭內部有支持創新、鼓勵創新的氛圍。如果家長沒有創新精神，也應凡事想得開，心胸寬廣，不過分管束孩子。」因此，家長不妨多給男孩一些獨立的空間，學會放手。

2. 我是不是受傷了

窘窘小劇場

小倩上個星期初潮了，她找了幾個朋友一起去吃飯、唱歌、看電影，以慶祝自己長大，還要求爸爸媽媽送禮物祝賀她。小倩媽媽對小倩爸爸既欣慰又無奈地說：「到底是時代不同啊，想想我當年，只覺得渾身鬱悶！」

小倩媽媽的初潮體驗幾乎是創傷性的。小倩媽媽的小名叫玉玉。

玉玉一直是爸爸媽媽眼中的乖女兒、老師眼中的好學生、同學心中的女神，大家都很喜歡她。然而，那兩天她精神煩躁，一直不開心，甚至無緣無故地發脾氣，上課也不注意聽講，給人的感覺像生病了一樣，有氣無力。

班導師看在眼裡，急在心裡，於是利用課間時間找她談話，詢問她到底發生了什麼事情。玉玉扭捏了半天，後來才吞吞吐吐地告訴老師，前天去廁所，突然發現內褲上有點點血跡，用衛生紙擦了一下，上面沾著紅紅的血，而且還有一直流、不會停下來的趨勢，下腹也有種下墜的感覺，乳房隱隱作痛，感覺身體不舒服。一開始的時候，她以為自己受傷了，後來想想自己好像沒有進行過什麼劇烈的運動，因為懷疑自己是不是得了什麼絕症，所以也不敢告訴爸爸媽媽，害怕爸爸媽媽傷心。雪上加霜的是，血一直在流，玉玉不知道怎麼辦。那個時代，大家對這種事情諱莫如深，哪像現在，各種「防側漏」「零觸感」「超大吸收」充斥螢幕，就算不願意也時不時都能聽到見到。不知所措的玉玉自己墊了衛生紙，可是不久就被浸透了。由於害怕同學發現，她不敢和同學接觸，就連廁所都不敢去，實在憋不住了去一趟，還要面臨「命案現場」般強烈的視覺衝擊。

「那種感覺『生不如死』。」已經做了媽媽的玉玉如此評價。

親愛的爸爸媽媽，你是希望自己的女兒面對初潮時像小倩一樣從容、驕傲，還是像小倩的媽媽玉玉一樣誠惶誠恐、「生不如死」呢？作為孩子的至親和長者，相信你會毫不猶豫地做出明智的選擇。

爸爸媽媽快速反應指南

私人專家課堂

月經是由下丘腦、垂體和卵巢三者分泌的激素之間的相互作用來調節的。在月經週期中的月經期和增殖期，血液中雌二醇和黃體酮的水平很低，從而對腺垂體和下丘腦的負回饋作用減弱或消除，導致下丘腦對促性腺激素的分泌增加，繼而導致腺垂體分泌的尿促卵泡素和黃體生成素增多，因而使卵泡發育，雌激素分泌逐漸增多。此時，雌激素又刺激子宮內膜進入增殖期。黃體生成素使孕激素分泌增多，導致排卵。此期中，雌激素與孕激素的水平均

升高。這對下丘腦和腺垂體產生負回饋抑制有加強的作用，因而使尿促卵泡素和黃體生成素水平下降，導致黃體退化，進而雌激素和孕激素水平降低。子宮內膜失去這兩種激素的支持而剝落、出血，即發生月經。此時，雌激素和孕激素減少，又開始了下一個月經週期。

在經期，一般無特殊症狀，有時可能有全身不適、疲倦想睡、乳房脹痛、手足發脹、下腹及背部酸脹下墜、便祕、腹瀉（前列腺素的作用）、尿頻及食量減少等伴隨症狀。少數有頭痛、失眠、心悸、精神憂鬱或易激動等症狀，多在月經後自然消失。

月經大大降低了女性得癌症的機率，比男性得癌症的機率小 40% 左右，同時還可以增加血液循環，更新血液，讓新陳代謝速度加快，對身體有一定的好處。月經的主要作用是：第一，懷孕信號。育齡期已婚女性，以往月經規律，此次月經超過 10 天以上未來，首先要考慮是否懷孕了。根據月經週期還可以推算預產期，對孕期保健和孕期心理都是非常有益的。第二，疾病信號。如果女孩已過 18 歲仍無月經來潮，稱為原發性閉經；如果女性既往曾有過正常月經，現停經 3 個月以上，稱為繼發性閉經（不包括因妊娠、哺乳、絕經所致）。除此以外，月經的時間、量、伴隨症狀等的變化也是發現和診斷許多疾病的重要線索。第三，造血功能。月經引起機體經常性的失血與造血，使女性的循環系統和造血系統得到了一種男性所沒有的「鍛鍊」，使女性比男性更能經得起意外失血的打擊，能夠較快製造出新的血液以補足所失血液。第四，降低鐵傷害。有一種被稱為血色素沉著症的疾病，容易引起患者鐵元素代謝失調，身體內會積聚過多的鐵，鐵過量會緩慢地導致皮膚、心臟、肝、關節、胰腺等處的病變。治療鐵過量的方法之一就是定期排放一定量的血液。月經的週期性失血正好消耗掉了過量的鐵。

經期不宜有性生活，也不宜吃太鹹的食物和海鮮，忌喝濃茶和咖啡、坐浴和盆浴、穿緊身衣褲、高聲唱歌、捶打腰背、劇烈運動、拔牙等。

請你跟我這樣做

現在，爸爸媽媽是不是對女兒的月經現象有了一定的認識呢？那麼，如何幫助孩子正確地認識月經現象呢？

對女孩自己而言，無緣無故的「出血」會帶來恐慌和不知所措，如果事前孩子沒有相關的知識和心理上的準備，那麼，初潮體驗給孩子帶來的可能是心理創傷。所以，家長尤其是媽媽，應該擔負起為女兒排憂解難的責任，幫助和指導女兒度過這帶有成熟標誌的第一關。

首先，媽媽應該為女兒做好經期衛生用品的準備。月經初潮是女孩前所未有的經歷，當然也不知道應該如何處理。媽媽是過來人，要提前為女兒準備好衛生棉、衛生紙等用品，並教以正確的用法；多為女兒準備幾條內褲，因為月經初潮是性生理發育過程的一個突破口。剛開始行經時，多數女孩的月經往往不規律，而且經血淋漓不斷，持續時間可能長一些，加上第一次使用這些累贅性的用品，需要一個熟悉的過程。如果準備充分，會讓孩子心裡更加踏實，面對「突襲」也更加從容。

其次，媽媽應該做好女兒的心理疏導工作。當月經初潮來臨時，女孩都有想知道月經是怎麼回事的心理。這就給媽媽提供了一個講解性生理知識的機會，最好別放過這次機會。媽媽可以告訴女兒：這是女孩生長發育過程中的正常生理現象，不必驚慌；來了月經，表明女孩已經開始長大，會越來越成熟，所以，今後要時時處處懂得關照自己，養成女孩應該具備的品德和行為習慣。這樣，對孩子的成長發育都有好處。

再次，媽媽應該為女兒講解經期衛生知識。注意經期衛生，是女性保健的重要課題之一，也是女性大半生都要重視的大事。所以，在女兒第一次面臨這個話題時，媽媽就應該告訴她：在月經期不要過度疲勞，要注意休息，不要劇烈運動，情緒要穩定、愉快，不要著涼，別接觸太冷的水，不能吃辛辣等刺激性食物，要注意經期用品衛生，保持外陰清潔，等等。如有可能，還應該讓女兒懂得這些「不要」「不能」的原因。這樣，讓女兒知其然又知其所以然，形成經期衛生保健的自覺性，對她一生的健康都是有益的。

最後，媽媽應該幫助女兒做好預防保健。女孩初潮來臨的年齡，正是讀小學高年級或國中的時候。孩子在家有媽媽的關照，而到了學校就是另一回事了。女孩自己羞於啟齒，別人自然不知道她正處於月經期。所以，媽媽應該及時和老師取得聯繫，讓老師在體育課、晨操或者勞務等活動中給予照顧。此外，女孩初次月經時往往會發生腹痛，即人們常說的少女痛經。這時，媽媽要特別注意，及時給予女兒安慰，必要時要帶女兒去看醫生，經過診治，幫助女兒擺脫痛苦和心理壓力，以保證女兒正常的學習和生活。

嘮叨詞典

月經

　　月經，又稱為月事、月水、月信、例假、葵水、天葵，中醫稱經血，因多數人是每月出現一次而稱為月經。它是指有規律的、週期性的子宮出血。嚴格說來，伴隨著這種出血，卵巢內應有卵泡成熟、排卵和黃體形成，子宮內膜有從增生到脫落的變化。

他山之石

　　西歐不少國家都有個習俗：當女孩首次月經來潮時，爸爸媽媽會十分高興地送給她一些禮物，哥哥姐姐也會紛紛向她表示祝賀，全家人都把這當成一件大事，甚至特意舉行家宴慶祝少女初潮的來臨。這樣的慶賀還有更深遠的意義，那就是在初潮來臨時，女孩的爸爸媽媽和其他親人對她所持的不同態度，會對其身心健康產生重要的影響。女孩在初潮時如果能受到親人的親切關懷、細緻照料和科學指導，不僅會使其順利地度過初潮，還會使其情緒穩定、心情愉快，特別是對月經能有正確的認識，內心毫無恐懼之感，這會對她以後的月經來潮保持規律性產生有益的影響。

3. 胸部變成小饅頭，我不敢挺胸抬頭

窘窘小劇場

蘭蘭是一名國中生，開朗大方的性格讓她擁有很多朋友，樂於助人的態度使她經常成為大家稱讚的對象。

然而，隨著青春期的到來，她變得越來越沉默。蘭蘭本來體型偏瘦，最近這段時間，她感覺自己的乳房漸漸膨脹、隆起（與曾經朝夕相處的男孩的胸部截然不同）。同時，她觀察到自己出現了乳暈，乳頭變大，顏色變深。為此，她感到恐慌不安，十分羞澀，尤其是在要好的同學面前，不敢抬頭，不敢直視對方，不敢挺胸，連說話都是小聲小氣、支支吾吾的，好像做了虧心事一樣。

蘭蘭媽媽工作忙，經常出差，沒有時間關注蘭蘭的變化，蘭蘭又不好意思主動和同齡的夥伴討論這件「麻煩事」。偶爾聽到同伴悄悄議論乳房形狀、大小的話題，她又十分敏感，害怕身體的變化會給自己招來非議。

後來，她就偷偷地用穿緊身衣、束胸的辦法來限制開始隆起的乳房，掩飾胸部的變化，即便她感覺這樣做不是太好，身體也並不舒服。

親愛的爸爸媽媽，你是否注意到女兒的這些變化，感受到女兒的困惑了呢？作為孩子的至親和監護人，爸爸媽媽準備好應對策略了嗎？

爸爸媽媽快速反應指南

私人專家課堂

女孩進入青春期後，最先發育的是乳房。在體內雌激素的影響下，女孩的乳腺開始發育。這時，乳房內除了許多細長的乳腺管在不斷發育外，還積累了不少脂肪。由於乳腺組織較硬而脂肪組織較柔軟，所以，乳房日漸隆起，而且富有彈性，成為女孩成熟的標誌。乳房發育的情況，如乳房的大小、對稱與否、發育早晚、發育異常等，常常成為女孩青春期的煩惱之源。

女孩乳房的發育有很大的個體差異。有的女孩在 9～10 歲乳房就開始發育了，而有的女孩要到 16 歲甚至更大點乳房才開始發育。大多數女孩在月經初潮之前，在 10～14 歲乳房開始發育。

乳房剛剛開始發育時，構成乳房的乳腺與周圍的脂肪組織在乳頭及其周圍的乳暈上形成一個鈕扣樣的小鼓包，使乳頭和乳暈隆起，乳頭開始變大。而後，乳頭隆起更加明顯，乳房也漸漸變得更加豐滿，最後發育為成人的乳房形狀。乳房發育的速度也因人而異。有些女孩乳房發育得較晚，但發育的速度較快；有些女孩乳房發育得較早，但發育的速度卻較遲緩。

乳房發育較早的女孩常常為自己的「與眾不同」而感到難為情。有些女孩會設法刻意掩飾自己的胸部，走路時低頭含胸，或穿緊身衣束胸，結果限制了乳房和胸廓的正常發育。束胸的做法會壓迫乳房，導致乳頭凹陷，乳腺發育不良，從而造成將來泌乳和哺乳的困難，也容易引起乳房疾病。

乳房發育的早晚和大小是受多種因素影響的，如遺傳因素、營養條件、環境因素、體育鍛鍊習慣和自身體型條件等。有些女孩為自己的乳房看起來太豐滿而發愁。其實，乳房大對身體並無任何不良的影響，也不能反映一個人的思想品德和意識，不必為此焦慮不安。另外一些女孩煩惱的原因則截然相反，她們為自己的乳房還沒有開始發育或發育得較小而擔憂。這些女孩很容易在公共浴室裡或在團體活動中發現自己的乳房不如一些同齡女孩的乳房豐滿，她們可能由此而懷疑自己的乳房發育是否正常，也可能擔心將來是否會影響自己的生育能力。其實，這種擔心大可不必，只要生殖器官發育及月經均正常，是不會影響成人後的哺乳和生育能力的。但是，如果月經初潮後很長時間乳房還沒有開始發育的話，就有必要到醫院檢查一下，請醫生診斷乳房未發育是屬於生理性的還是病理性的。

另外，女孩兩個乳房的體積並不一定完全相等，只能說大小相似。有些女孩的乳房在發育過程中會出現左右不平衡的現象，往往是一側稍大，另一側稍小，或一側稍高，另一側稍低。就生理髮育來說，左右乳房對雌激素的反應是不一致的，腺體增生活躍的一側乳房就顯得大一些，反之就會略小一點。左右乳房大小不一致的現象對以後的生育和性功能並無影響，對身體健

康也沒有不利之處。成年女性也可能會注意到自己的兩個乳房並不完全一樣大，但差別並不太明顯，往往除了自己外，別人覺察不到。

請你跟我這樣做

爸爸媽媽是不是已經對孩子的生理發育和心理困惑的形成原因有了一定的了解呢？讓我們一起來幫助孩子挺胸抬頭，自信地面對自己的變化吧！

● **理念灌輸，讓孩子為身體的成長而驕傲**

爸爸媽媽要讓孩子明確地知道，青春期乳房發育是正常的生理現象，是從「小女孩」走向「大女孩」的第一步，是生長發育過程中的里程碑，健康、漂亮的胸部是將來成為漂亮的大女孩的必備條件。

需要提醒爸爸媽媽的是，如果你的女兒身體發育的時間領先於同齡的夥伴，那麼，你要特別關注孩子的心理健康問題。心理學家的一些追蹤研究顯示，發育較早的女孩對自己的體貌常常抱著一種不太積極的態度和看法，因為她們和同齡人站在一起的時候，覺得自己格格不入。比起正常時間發育的女孩，由於感受到的壓力更大，發育較早女孩的情緒穩定性顯得更差，與家人和朋友的關係更緊張，而且這種影響將一直持續到成年。

● **知識傳授，讓孩子胸有成竹**

爸爸媽媽應該告訴孩子，對於乳房的發育，既不要過於緊張，也不可毫不在意，應該重視自己身體的這一變化。要比以前更加注意保護乳房，使其避免一切外來傷害；要密切注意乳房大小的變化，當乳房接近成人乳房大小時，應開始戴胸罩。如果在乳房發育過程中，出現乳房疼痛、腫塊等，可以告訴媽媽，並讓媽媽帶著去看醫生。不要過早地戴上胸罩，不要戴過緊的胸罩，不要因為害羞而含胸。

爸爸媽媽還要提醒孩子，注意增加營養的攝入，多吃雞蛋、魚、肉等高蛋白的食品，以及水果、蔬菜等富含維生素的食物，以增加胸部的脂肪含量，保證胸部健康發育。另外，適當的運動和按摩也是促使胸部豐滿、漂亮的好辦法。

● 物質準備，讓孩子喜歡自己的「新裝備」

爸爸媽媽，尤其是媽媽應找時間和女兒去逛逛街，幫助女兒挑選合適又時尚的內衣。那麼，怎樣的內衣才是合適的呢？可以嘗試一下這樣的步驟：

其一，自然站立，雙手下垂，用軟尺測量胸圍。先量上胸圍，就是沿乳頭邊一周；再量下胸圍，就是沿乳房下面肋骨處一周。

其二，估算罩杯。用上胸圍減去下胸圍，就是罩杯大小。A 罩杯是 10 公分，B 罩杯是 12.5 公分，C 罩杯是 15 公分，以此類推。假如上胸圍是 85 公分，下胸圍是 70 公分，85 公分－70 公分＝15 公分，那就應該買 70C 的乳罩。胸圍正負差允許 2.5 公分，罩杯正負差允許 1.5 公分。

其三，試穿。上半身向前傾斜 45 度，手臂穿過肩帶，將肩帶掛上雙肩，用雙手托住罩杯下方。上半身保持前傾姿勢，扣上背鉤，使胸部圓滿進入罩杯中。感受罩杯的大小是否合適，如果有壓迫感或者切割的形狀，說明罩杯偏小，這時一定要換大一點的型號。

嘮叨詞典

乳房

乳房位於哺乳動物軀幹的上腹部，在大多數情況下，它特指人類女性的乳房。對於大多數的哺乳動物來說，乳房是雌性哺乳動物哺育幼體的器官。對於人類而言，發育的乳房是女性的第二性徵之一。人類男性在嬰兒時期也擁有乳腺等乳房組織，只是在後來的成長過程中並不繼續發育。

他山之石

最近，美國和紐西蘭心理專家的一項聯合研究發現，父女關係的好壞會直接影響女孩的青春期發育，即要麼促使女孩正常或提前到達青春期，要麼延遲女孩跨入青春期的門檻。

有關專家透過對美國 173 名女孩及她們的家庭情況所做的調查表明，與爸爸關係特別好的女孩青春期發育遲於那些與爸爸關係一般或關係不太好的

女孩。儘管遺傳基因和飲食鍛鍊等因素會對孩子的青春期發育產生影響，但這一研究卻表明，家庭關係等社會因素同樣會影響孩子的生理發育。

沒有爸爸的女孩或受到爸爸辱罵的女孩，青春期發育較早；父女關係較好的女孩，青春期發育較遲。這表明，爸爸在生活中對女兒關心程度的高低和情感投入的多少，不僅影響女兒的心理發育，還會影響女兒的生理發育。

4. 煩人的小帳篷

窘窘小劇場

最近，亮亮有些奇怪，一向不怎麼在意吃穿的他，突然對穿衣服上了心。開始的時候，爸爸媽媽還開玩笑似的說兒子是不是喜歡上哪個女生了，變得愛打扮自己了。後來，細心的媽媽發現，亮亮對衣服的挑剔重點不是顏色和款式，而是衣服的長短。亮亮總是嫌棄媽媽給他買的衣服不夠長，而媽媽反駁說：衣服太長就沒型了，一點也不好看。說歸說，媽媽還是心疼兒子的，照著兒子的要求去買了兩三套新衣服。誰知道，亮亮還是嫌衣服短。媽媽也來氣了，不肯再就衣服對亮亮讓步。尤其是這個週末，母子倆為了這件事情甚至吵了起來，一向把學習看得很重的亮亮居然揚言，衣服不合適，他就不去上學了，把媽媽氣得要死。

亮亮爸爸見事不對，趕忙站出來做和事佬。他先安撫了亮亮媽媽，又追到兒子房間去做「知心爸爸」。亮亮爸爸對著悶在被子裡生氣的兒子說：「兒子，跟爸爸說說，媽媽買的衣服哪裡不對？爸爸覺得挺好的啊，我兒子穿起來肯定帥！」亮亮聽著爸爸的話一聲不吭。爸爸覺得有點尷尬，自顧自地說：「不就是衣服嘛，大男人穿什麼不是穿？」亮亮一掀被子坐了起來，沒好氣地說：「你啥都不懂！」亮亮的這一嗓子，倒像是把爸爸喊明白了，他說：「兒子，你跟爸爸說實話，是不是遇到什麼麻煩了？」亮亮眼睛一紅，扭扭捏捏地說：「還不是因為那個⋯⋯」

原來，亮亮還真是遇到麻煩事了。最近這段時間，也不知道怎麼回事，他的陰莖老是不分場合地變得硬硬的，在褲子上支起一個醜陋的小帳篷，而且越著急它就硬得越久，完全沒法控制。有一次，在他們開班會的時候也站

起來了，惹得同學哄堂大笑，亮亮恨不得找一個地縫直接鑽進去。所以，他想：能不能穿著長一點的衣服，把那個不聽話的地方遮起來，免得不知道什麼時候就會出醜。

親愛的爸爸媽媽，你處於青春期的兒子有沒有被「煩人的小帳篷」困擾著呢？應該如何幫助孩子解開這個心結呢？

爸爸媽媽快速反應指南

私人專家課堂

亮亮的煩惱不是個別男孩的特殊情況，而是青春期男孩幾乎都會遭遇的尷尬，有一些男孩甚至因為不勝其煩而做出極端的事來。

20 世紀 80 年代末 90 年代初，一家醫院泌尿科某天接到了一個急診。一個男孩割掉了自己的生殖器。讓接診醫生印象深刻的是，這個男孩使用的是一片刮鬍刀的刀片，一點點地割斷了自己的生殖器。據報導，這個男孩心理正常，心思單純，但就是因為對於自己的陰莖總是勃起有種罪惡感，於是選擇了自宮。無獨有偶，另一名 17 歲男孩在家中揮刀自宮，陰莖幾乎全部割斷。在就診時，他向醫生講述，因為自己的陰莖經常勃起，有時在大白天公眾場合也會，這讓他感到很羞恥、很討厭，苦悶了很久，才選擇這樣做的。

為什麼青春期的男孩會遭遇這樣的事情呢？要回答這個問題，我們首先要來了解一下陰莖的解剖結構和神經功能。眾所周知，陰莖是男性的外生殖器，由三條叫做海綿體的組織構成。其中，陰莖背面的兩條叫做陰莖海綿體，腹側包繞尿道的那一條叫做尿道海綿體。海綿體就像海綿一樣，裡邊充滿了血管、血竇和敏感的神經組織。

男孩進入青春期以後，隨著雄性激素的增加，性開始覺醒，就可能會因為聽到、看到、聞到、觸摸到或者想像到和性有關的內容刺激到大腦皮層，並且通過脊髓的胸腰段勃起中樞傳出，作用於陰莖海綿體，使動脈血管擴張，大量血液流入陰莖海綿體；靜脈血管收縮，流出海綿體的血液減少，這樣，血液便會瀦留在海綿體內大量的血管和血竇中，從而使陰莖勃起。那麼，是不是只有在這種情況下才會引起陰莖勃起呢？當然不是的，有的時候，局部

的刺激，如陰莖受到觸摸，走路的時候與內褲發生摩擦，或者直腸、膀胱受到刺激（如憋尿），也會引起陰莖勃起。

另外，還有一些男孩會對自己在夜間的陰莖勃起感到不安。

其實，正常的男性在睡眠期間陰莖都會勃起，並且勃起的時間和頻率會隨著年齡而不同。成年男性每 72～100 分鐘勃起 1 次，平均每晚勃起 4 次。青春期的男孩頻率更高，每晚平均會勃起 6 次，時間達 2.5 小時左右。這種勃起，有時候與性夢有關，但大多數時候與性夢無關，只是一種正常的生理現象。

還有一種晨勃現象。這是男性在清晨 4 點到 7 點，陰莖無意識、不受情景、動作、思維的控制所產生的自然勃起現象。晨勃是性功能正常及強弱的重要表現或指標。

請你跟我這樣做

男孩在各種情況下的勃起，都是正常現象，是青春期性成熟的標誌，也是性激素分泌正常的表現。男性人人如此，與個人修養、思想品德無關。這一點，爸爸媽媽首先應該了然於胸，然後找準時機與孩子進行交流，幫助孩子對「小帳篷」的事情泰然處之，避免孩子感到內疚、自責或者羞恥。

● **重視孩子的情緒表現，正確引導孩子對「小帳篷」的認識**

亮亮正處於青春期，「小帳篷」現象屬於正常的生理反應。因為亮亮對「小帳篷」現象不了解，缺乏相關的知識，導致遇到尷尬。此時，爸爸作為男性，應該主動與孩子溝通、交流有關青春期遇到的性生理、心理現象和問題，告訴他們解決問題的辦法，聆聽他們所遇到的青春期問題和煩惱，把自己變成青春期少年負面情緒釋放的重要渠道，讓他們放下心理包袱，做陽光男孩。

● **強化性知識，幫助孩子正確對待遇到的性生理現象**

性生理現象是青春期孩子都會面對和經歷的。爸爸媽媽可以透過面對面的交流，給孩子買些青春期讀物，播放青春期性教育影片等，讓他們了解「小

帳篷」現象、月經現象、夢遺現象等產生的原因，並學習面臨以上性生理反應時的應對策略。

● **理性對待孩子的手淫現象**

伴隨著頻繁的勃起現象，隨之而來的是手淫現象。性生理和心理專家普遍認為，手淫是一種正常的性自慰行為，對於不能透過正常途徑獲得性滿足的青春期男孩來說，這不失為一種自我紓解的辦法。對此，爸爸媽媽不應該粗暴地指責甚至體罰孩子，以避免孩子形成性壓抑，從而對成年後的性生活造成不利影響。爸爸媽媽應當循循善誘，著重引導孩子不要將注意力專注在肉體的刺激上，而應該以學習、自我提升和實現未來的遠大抱負為生活的重心。

● **關注男孩生殖健康**

爸爸媽媽需要注意觀察孩子的外生殖器健康狀況，如果發現異常，要及時送醫處理。同時，爸爸媽媽應該從小引導孩子注意外生殖器健康，儘量做到每天清洗，並且要將包皮上翻清洗，避免形成包皮垢。另外，要提醒男孩，當外生殖器出現紅腫、刺癢或者在運動、嬉戲中受傷的時候，一定要在第一時間向爸爸媽媽尋求幫助。

嘮叨詞典

勃起

勃起是指動物的陰莖、陰蒂或乳頭膨脹、變硬的狀態和過程。一般情況下，人類男性的陰莖受到刺激後，會在短時間內鬆弛開來，快速充血，將血液灌注到海綿體內的靜脈血管中，直到壓力上升到一定的限度才停止。充滿血液的陰莖海綿體會將陰莖撐起，令陰莖變硬和增長。

他山之石

荷蘭的兒童從 6 歲進入小學就開始接受性教育。他們不僅學習有關性的各種知識，甚至還自己做研究、寫報告。對他們而言，學習性知識就像學習其他學科一樣，沒有什麼特別，他們甚至會在餐桌上與爸爸媽媽討論這方面

的話題。荷蘭的性開放程度舉世聞名，然而，荷蘭卻擁有歐洲國家最低的青少年懷孕率。雖然荷蘭 12 歲以上的青少年便可以合法地發生性行為，但是，荷蘭青少年第一次發生性行為的平均年齡是 17 歲。

5. 聽說隔壁班的女生懷孕了，是真的嗎

窘窘小劇場

小琴正在就讀高中。她們學校的校花小羽，是個偶像般的存在，漂亮、活潑、聰明、成績好，讓小琴這些平凡的女孩既羨慕又嫉妒。

高一暑假結束後返校，小琴發現，小羽的身影突然消失在了校園裡面。從同學的竊竊私語中，小琴拼湊出了一個故事：小羽高一下學期交了一個男朋友，兩個人愛得死去活來，然後發生了「那種」事情，小羽懷孕了，去小診所墮胎不成，差點丟掉了性命。更加不幸的是，男孩的家長覺得這件事情和他們兒子一點關係都沒有，是女孩自己不學好，「勾引」了他們兒子，強行把兒子和小羽隔離開。小羽的爸爸媽媽也覺得女兒丟了自己的臉，對女兒冷言冷語。小羽不堪受辱，自殺未果，現在被送到爺爺奶奶家休養去了。

小琴知道了事情的大致經過，心裡挺難受的。晚自習後回到家，趁著吃宵夜的時間，她把這件事情原原本本地講給了媽媽聽，末了還問了一句：「媽媽，你說，這種事情為什麼倒霉的總是女孩？」小琴的媽媽聽了，望著女兒明亮的眼睛，沉默了。

如果你是小琴的媽媽，面對小琴的疑問，你準備怎麼回答呢？你又是否認同小羽爸爸媽媽的做法呢？

爸爸媽媽快速反應指南

私人專家課堂

月經初潮的來臨是女孩進入青春期的一個明顯標誌。進入青春期的女孩，情竇初開，對異性有著明顯的好感，而男孩對女孩的好感產生得更早。這個階段孩子彼此之間的好感已經不再像年幼時那樣，是朦朧的、柏拉圖式的了。

伴隨著身體的成熟，異性之間的好感除了彼此之間的傾慕，開始出現性接觸的衝動。

這時，孩子如果不能及時從爸爸媽媽那裡得到正確、健康的性知識，那麼，他們就會如饑似渴的從書籍、電影、電視、互聯網上去獲取。令人擔憂的是，這些地方得到的對於性行為的描繪，往往顯得十分自然，充滿激情，無須性行為雙方承擔對彼此的責任，並且不會產生什麼不良後果。這種潛移默化的影響，使青少年對性行為產生強烈的好奇心，並且希望在條件合適的情況下加以模仿。

近幾十年來，青少年初次性行為的平均年齡不斷提前。美國和加拿大的一項調查顯示，北美地區部分年輕人在 15 歲就已經開始了性活動，男性初次性行為的平均年齡比女性早。近年來，伴隨著性意識的萌動，公園、街頭、校園都不難發現中學生相互依偎的身影，各種相關事件更是層出不窮，不斷吸引著大眾的眼球，由此帶來的少女懷孕、人工流產等性健康問題也引起了人們深深的憂慮。

青春期的孩子發生性行為，究其心理原因，主要有以下幾種。

好奇心理。進入青春期的孩子，隨著體內性激素水平的增高，在身體發生一系列變化的同時，對性也產生了好奇心理。這些孩子是抱著好奇的嘗試心理而發生性行為的。

熱戀心理。處於熱戀中的兩個孩子，一旦女孩懷孕，做人工流產雖然讓他們有羞澀之感，但並不會給他們帶來空虛和沮喪，甚至女孩還認為這是自己對男友的一種無私奉獻。

逆反心理。有些孩子因為常常受到家庭、親友、組織的阻撓，不准其與異性交往，甚至將與異性親近的行為視作洪水猛獸，家長對孩子絮絮叨叨又不得要領，結果反而讓孩子產生逆反心理，選擇與異性發生性行為。

微妙的面子心理。有些女孩因為男友的強烈要求，害怕自己的拒絕會導致雙方感情破裂，於是儘管不情願，還是與男友發生關係；有些男孩急於證明自己擁有「真正男人」的能力而與異性發生關係。

對未來缺乏抱負。這種孩子的生活環境往往不理想、比較貧困或者家庭關係不良，孩子對未來沒有期盼，爸爸媽媽又無法依靠，轉而將興趣點放在同齡異性身上，追求短期的溫暖和刺激。

無知無畏。一些女孩對流產缺乏正確的認識，甚至把流產當作一種特殊、有效的減肥方法。她們不知道在流產的同時，流失的還有健康。

發生性行為的是無知、衝動的男女孩雙方，但是，男女的生物學特點卻決定了這種衝動的嚴重後果都是由女孩來承擔。懷孕和隨之而來的人工流產是女孩生命中難以承受之重。

一般來說，人工流產容易產生六大併發症：人工流產不全、子宮穿孔、漏吸、感染、出血和人工流產症候群。成人出現併發症的機率只有 5% 左右，但由於少女的生殖器官還未完全發育成熟，增大了人工流產手術的難度，從而使併發症的發生機率比成人高很多。與正常的適齡已婚女性懷孕不同，青春期女孩的生理、心理尚未完全發育成熟，早孕、流產對其身體的傷害還在其次，對其心理的傷害尤其嚴重。

女孩懷孕，除了會遭受家人的唾罵，還會遭受社會的冷遇和心靈的創傷。父母及親友的冷落、社會的鄙視與唾棄、學習與就業的困難等，使她們的身心備受摧殘，容易產生自暴自棄的心理，對前途失去希望。隨之，她們有可能做出鋌而走險、自暴自棄的舉動，甚至走上自殺、犯罪的道路。

請你跟我這樣做

未成年女孩懷孕是一個讓人感到非常沉重的話題，作為孩子的爸爸媽媽，應當如何預防這種事情的發生呢？如果已經發生了這種不利的情況，又應該如何應對呢？

● 預防未成年人懷孕，性教育先行

透過有新意的討論和角色扮演等方法，教給青春期的孩子處理性問題的技巧。與男孩的交流側重於自我控制和對他人的尊重與保護，與女孩的交流則側重於未成年人性行為及懷孕的危害和自我保護。

有些爸爸媽媽可能覺得，只要在孩子的青春期早期跟他們進行一次這樣的「性教育交流」就可以高枕無憂了。事實上，這是不可能的，只有不斷地跟孩子做日積月累的小規模的交流，才能促使孩子不斷地思考相關問題，從而達到教育目的。

● **培養孩子的社交能力，提高孩子對未來的抱負水平**

創造機會讓孩子接觸更多的、有益的人和事，促進孩子與社會的聯繫，提高孩子的自尊水平，讓孩子對未來充滿期待，從而將精力與注意力主要集中在自我提升和發展上。

● **若意外發生，做孩子的堅強後盾，避免二次傷害**

女孩懷孕後，爸爸媽媽不管在經濟上還是精神上，都應該強硬起來，成為孩子的靠山。女孩小小年紀卻懷孕了，做父母的痛心、氣惱是必然的，但一定要冷靜。避免對孩子造成二次傷害，爸爸媽媽可以按照以下步驟來做。

首先，爸爸媽媽應第一時間到學校為孩子請病假，陪著孩子到醫院做終止妊娠的手術。

其次，爸爸媽媽不要過於責備孩子，這個時候孩子是非常孤獨、痛苦的。身體上的痛苦，他人不能代替受之；心理上的陰影，爸爸媽媽卻完全能夠幫其驅散。在成長的過程中，誰不會犯錯，就當這是孩子走路不小心絆了一跤，趕緊幫助孩子站起來！

再次，爸爸媽媽應告訴孩子，這件事不能全怪她，爸爸媽媽也有責任，沒有把關於戀愛、性愛、避孕的常識及時地告訴她。爸爸媽媽要適時地為孩子補上這一課。等孩子休養好以後，可以透過轉學的方式，幫助她忘掉過去，翻開新的一頁，開始新的人生。

最後，爸爸媽媽應告誡孩子，一定要自尊、自愛，更要學會保護自己。一旦意外發生，必須要做人工流產，也一定要找正規的醫院，選擇安全可靠的人工流產手術，減少感染的機會，以免影響以後的生育。

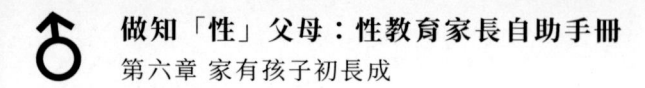

嘮叨詞典

人工流產

妊娠 3 個月內採用人工或藥物方法終止妊娠，稱為早期妊娠終止，也可稱為人工流產。人工流產可用來作為避孕失敗、意外妊娠的補救措施，也可用於因疾病不宜繼續妊娠，為預防先天性畸形或遺傳性疾病而需終止妊娠者。人工流產可分為手術流產和藥物流產兩種，常用的方法有負壓吸引人工流產術、鉗刮人工流產術和藥物流產術。

他山之石

在加拿大和西歐，社區和學校的診所都提供避孕用具，普通健康保險也可以幫助青少年購買避孕用具。在這種情況下，青少年的性行為並未明顯多於美國，而且懷孕、分娩、流產的比率較低。

第七章 成熟的「小孩」

▍一、成熟的「小孩」

青年初期是孩子從不成熟的兒童期、少年期逐步向成年期過渡的階段。在這一時期，孩子在生理上慢慢成熟，第二性徵基本發育完成，在外形上他們變成了男子漢或窈窕淑女，在學業方面他們正在進行大學階段的學習。

這個階段孩子大腦的發育不論形態還是功能都已經成熟，體現在智力上，即這個時期的孩子擁有高度發展的概括能力、成熟的記憶能力和抽象邏輯思維能力。同時，與兒童和少年相比，青年初期孩子的心理已經趨於成熟和穩定。

青年初期孩子的情感轉化不再像兒童或少年那樣容易，像小時候那樣，前一分鐘哇哇大哭、後一分鐘破涕為笑的情況十分少見。與少年相比，他們的情感持續時間長，由一件事情引發的不快感或傷感情緒常常縈繞在心頭不易散去。同時，他們充滿朝氣、熱情奔放、辦事積極、行動迅速且果斷。但是，與真正的成年人相比，他們會顯得熱情過度而理智不足，或許會因為看法不同而發生爭執或嘔氣，或許會因為一件小事而過於衝動，甚至失去控制。從年齡特徵上看，內隱型情感是成人的情感特徵，外傾型情感是兒童的情感特徵，而青年的情感正好處於由兒童到成人的過渡時期，可以說，青年既帶有成人的內隱型情感，又具有兒童的外傾型情感。也就是說，一方面，這個時期的孩子熱情奔放，遇到激動人心的事情時，他們的情感表現比成人更易外露；另一方面，青年初期的孩子比少年的情感表達又更為隱祕一些，想要接近有好感的異性，卻又裝作不在乎，並保持一定的距離。

青年初期孩子的意志也表現出與兒童、少年時期不同的特徵。首先，他們具有積極、主動克服困難的意志，不同於兒童一有困難就求助於大人，這個年齡段的孩子樂於獨立鑽研，發揮個體能動性，積極、主動地解決問題，不肯求助於人，家長過分熱心的幫助反而有損他們的自尊心，引起他們的反感。其次，青年初期的孩子控制和調節自己行為的能力要比兒童和少年強得

多，他們目標明確，行動合理，做事有條不紊，而且動作準確、迅速。最後，青年初期孩子的行為動機變得較為複雜和內隱，這與此階段孩子道德認識水平的發展、理智的深化及自我意識的成熟有關。

　　從少年到青年，孩子的個性特徵逐漸形成，並且具有相對的穩定性。他們的自我意識基本成熟，開始認識到自身的發展狀況及社會價值，要求進行自我教育，能獨立地評價自己和他人，漸漸克服評價的片面性，力求做到全面分析。青年初期孩子的世界觀已經初步形成，主要體現在自然觀、社會觀、人生觀和戀愛觀等方面。這就是說，在自然觀方面，孩子已經能對各種常見的自然現象進行初步的科學解釋，對生理現象有一定的了解；在社會觀方面，孩子對社會歷史發展的進程有了較為全面的看法，對當前社會發展狀況和社會結構有了基本的了解；在人生觀方面，孩子有了自己較為穩定的夢想，對未來的道路有了一定的選擇，明確了人生的意義。當然，這個年紀的孩子對戀愛有著各種想像和渴望，他們在心目中勾勒出理想的他或她，開始形成自己的愛情態度，不再像少年時期那樣分不清友誼和愛情的界限。

　　青年初期孩子的性意識已經覺醒，但是性情感還處在波動期。孩子獲得性知識的來源渠道良莠不齊，性知識的深度、廣度和正確性都還比較欠缺。他們性經驗的積累也處在探索階段，和異性的相處還處在從不適應到適應良好的階段。由於自身閱歷的限制，他們對有關性問題的認識和評價還處在形成階段，內心的道德體系也在構建之中，所以，他們在這個階段表現出強烈的不穩定性和可塑性，非常容易受到學校、家庭、文化、宗教、法律、道德、習俗等社會因素的塑造和調整。

　　總的來說，青年初期的孩子在生理上已經長大成人，各方面都有了不錯的表現和進步，但是，因為他們處於由少年邁向成人的過渡階段，正好介於幼稚與成熟之間，所以他們的心理難免呈現出各種各樣的矛盾狀況。在此階段，爸爸媽媽應該當好孩子的舵手，為孩子能夠駛向更廣闊的大海指引方向。

二、抓緊風箏的線

　　已經步入青年初期的孩子儼然是一個朝氣蓬勃的大人了，逐漸成熟的自我意識使得他們事事想要凸顯自己的個性和自尊，已經初步形成的世界觀使得他們對事情有著自己的想法。與兒童和少年相比，此階段的孩子對情感的控制力有所提升，而且有一定的意志力去克服實現夢想道路上的險阻。

　　青年初期的孩子雖說在各方面都取得了長足的進步，但是他們長期生活在爸爸媽媽和老師保護的溫室裡，缺乏實際的生活經驗，心智沒有得到全面的鍛鍊，自己的事情想自己做主卻又拿不定主意，想獨立卻沒有獨立的經濟能力，對異性產生莫名的好感卻又擔心爸爸媽媽和老師的雙重監督。和這樣的孩子相處，本身就是一件辛苦的事情，更不要說教育他們了。這個時候，爸爸媽媽如果還用以前教育孩子的那一套方法肯定是行不通的，急需重構一種新的與孩子溝通的方式。

　　爸爸媽媽與這個年紀的孩子溝通的時候，千萬不要一味地講大道理，那些大道理在他們成長的過程中聽了幾千、幾萬遍了。這個年紀的孩子有自己的判斷和想法，最討厭說教，大道理他們早就懂了，也早就聽煩了，反覆的說教只會讓他們反感。如果想要教育的效果好一些，爸爸媽媽可以在一些事情上因勢利導、就事論事。

　　在教育孩子的過程中，脾氣暴躁的家長需要控制住自己的脾氣，不要和孩子幾句話不和就暴跳如雷。爸爸媽媽很多時候都在抱怨：現在的孩子怎麼了？怎麼一點也不懂事？為什麼非要和自己對著幹？其實，爸爸媽媽應該反思一下自己的思想是不是太保守、太落後了。青年初期的孩子遇上更年期的爸爸媽媽，家庭戰爭是不可避免的，但是家長如果都能適時地反思一下，站在孩子的角度，融入孩子的「二次元」世界，做孩子眼中的「潮爸」和「辣媽」，就會發現，其實也沒有什麼大不了的。

　　青年初期的孩子很多時候渴望自己被認可，希望爸爸媽媽和老師把自己當作大人看待。和這樣的孩子相處，爸爸媽媽應該試著把他們當作大人，用大人的口吻、語氣和他們商量事情，這樣他們反而會站在大人的立場去思考

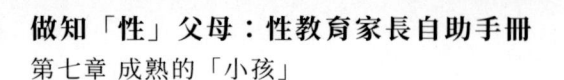

問題。既然孩子期待長大和自己當家做主,那麼,爸爸媽媽不妨放棄以往家長制的作風,學會和孩子平等相處,讓孩子參與到家庭中的一些事務上來,讓他們可以體會到生活的不易,從而體諒爸爸媽媽的辛苦。當然,不是所有的事情都是孩子該考慮的,家長不要給孩子太大的壓力,畢竟他們應該快樂、單純地成長。

在孩子的這個人生階段,一些「敏感」話題是爸爸媽媽無法迴避的。爸爸媽媽應該擔負起指導孩子如何與異性正常交往的責任,也應該和孩子探討一下「什麼樣的戀愛是可取的」「什麼樣的婚姻是幸福的」等類似問題,教會他們怎樣去愛別人和自愛,而不是過於緊張孩子的「男女朋友」問題。爸爸媽媽過於緊張地詢問孩子的交友情況,只會讓孩子產生逆反心理,不願意敞開心扉。如果爸爸媽媽能夠更為坦然地對待孩子的異性朋友,也許就會發現,他們真的什麼也沒有發生。

看著日漸長大、自立的孩子,爸爸媽媽的心裡是充滿欣慰和自豪的。不過,不管孩子做事有多麼老練,不管孩子有多麼自信,不管孩子有多麼獨特的想法,孩子畢竟是孩子,他們也會有遇上挫折的時候,也會有不知所措的時候,他們也會迷茫,也會需要幫助。爸爸媽媽應該像放風箏一樣,在給予孩子充分自由的前提下,拽緊手中的線,以便時時關心孩子的心理狀況,充當孩子人生道路上的燈塔,為孩子指引前進的方向。

三、爸爸媽媽應該和孩子溝通的話題

1. 當青春遇上愛情

窘窘小劇場

今天早晨,小麗媽媽被急促的電話鈴聲吵醒了,一接起電話,她就聽到一陣嗚咽的哭聲。小麗媽媽心裡咯噔一下,有種不祥的預感,但是還算鎮定地問:「小麗,不哭,發生什麼事情了?」小麗聽到媽媽的聲音,心理防線瞬間瓦解,繼而號啕大哭。小麗媽媽溫柔地問:「小麗,你怎麼了?寶貝,快告訴媽媽?」小麗抽泣道:「媽媽,我失戀了。」小麗媽媽如釋重負,但

是又有點疑惑：小麗什麼時候交的男朋友？自己怎麼還蒙在鼓裡完全不知情呢？

在小麗前言不搭後語的描述中，小麗媽媽總算勾勒出事情的全貌：那一年，剛進大學的小麗對大學生活充滿了期待，她很積極地參加了一些社團和學生組織。性格活潑、開朗又有主見的小麗很快贏得了學長、學姐的喜愛，同時也讓許多單身男孩心動。大一的第一個學期就有三四個男孩追求小麗，小麗偏偏喜歡其中高高瘦瘦的張洋，並很快與張洋墜入愛河。

短暫的熱戀期後，小麗和張洋的矛盾日漸突出。小麗直接坦率、不拘小節的性格讓內向的張洋有些吃不消。張洋認為小麗總是有那麼多男性朋友是不在乎自己的表現，而且自己和小麗在一起已經有半年之久了，她竟然沒有和家長坦白，根本就沒有想要和自己走那麼遠。張洋的這些想法從來也沒有和小麗說明白，每當小麗問張洋對自己有什麼意見時，張洋從來都不開口。

小麗認為自己家裡管得嚴，爸爸三令五申地告誡她大學期間不要談戀愛，所以她壓根兒就沒想過把戀情告訴爸爸媽媽。小麗平時喜歡看韓劇，最近迷上了《來自星星的你》裡面的都教授，覺得都教授把張洋遠遠地比下去了，於是漸漸地冷落了張洋。張洋和小麗兩人花錢又大手大腳，還沒到月底，一個月的生活費就已經見底了。為此，小麗和張洋也沒少鬧彆扭。剛開始吵架的時候，張洋覺得自己是男孩，應該讓讓女孩，於是就放下自尊來找小麗道歉。可是，久而久之，張洋心裡就不平衡了：大家都是獨生子女，自己在家何嘗不是爸爸媽媽的心頭肉，憑什麼要受這份委屈？於是，張洋提出了分手。

爸爸媽媽快速反應指南

私人專家課堂

親愛的爸爸媽媽，也許你心中根本就沒有做好為孩子的戀愛提供指導的心理準備；也許你覺得愛情是到了年齡自然而然的事情，不需要指導，就像自己談戀愛那時候，自己的爸爸媽媽完全沒有任何指導。事實真的是這樣嗎？當然不是的，孩子對於愛情有各種各樣莫名其妙的憧憬和好奇，他們的愛情很多時候充滿著衝動和盲目，他們也會因為戀愛中的矛盾感到徬徨和無助。

因此，家長的態度和引導很重要，太過激烈的反對會遭到孩子的牴觸，引發「羅密歐與茱麗葉效應」。戀愛和婚姻的成功能帶給孩子一輩子的幸福，爸爸媽媽有必要幫助孩子形成正確的戀愛觀、婚姻觀。

青年初期的孩子對愛情充滿幻想，但也容易被一些外表的假象所迷惑。比如，有的女孩只喜歡長得高和帥的男孩，有的女孩表示自己只為單眼皮男孩心動，等等。如此種種，注定了他們戀愛的盲目性。在這種戀愛模式中，戀愛雙方往往沒有考慮過自己適合哪一類人，他們的戀愛只是為了排遣內心的孤獨，或者是為了新奇和好玩，當他們發現對方的性格難以忍受時，只能以分手結束。

孩子不成熟的戀愛往往帶有衝動性。戀愛雙方憑藉自己的喜好和情感來左右自己的行為，常常感情用事，也不知道應該遵守什麼原則，承擔什麼義務和責任。在戀愛的過程中，雙方不顧一切、**轟轟**烈烈地投入到愛河中，結果往往是後繼無力、草草收場。

有些孩子在選定了戀愛對象後，便將自己理想的夢中情人的標準強行套在戀愛對象身上。可是，現實生活中並沒有那麼理想的人，是人都會犯錯誤，是人都會有缺點，矛盾自然就會隨之而來。

大學是人生中的重要階段，大學期間的學習和生活開闊了孩子的眼界，也促使孩子的想法和心理的劇烈變化。在這一時期，孩子的理想、志趣、愛好、性格等會發生很大的變化，從而引起愛情觀的變化。未來的不確定性會影響愛情的鞏固和發展，這也是大學「畢業季」就是「失戀季」的原因所在。

小麗和張洋的戀愛，開始得太快，雙方都沒有仔細衡量一下對方是否適合自己。張洋性格內向，不善於交流，而小麗做事神經大條，雙方在一開始就沒有形成一種很好的交流方式，這是他們最後漸行漸遠的原因。很明顯，小麗多少帶有獨生子女驕傲、蠻橫的一面，同時她的愛情觀也有不切實際的地方——以電視劇裡面的主人翁來要求自己的男朋友。也許兩個人剛在一起的時候，雙方在荷爾蒙的魔力下忽視了這一點，但隨著交往日深，這種矛盾就日益突出。小麗和張洋雖然已經成年，但是他們的經濟並不獨立，戀愛需要較高的成本，矛盾也隨之而來。小麗爸爸不希望小麗那麼早就交男朋友，

小麗就不敢和家裡人坦白，這也是小麗獨立精神不夠和家長不夠開明造成的。如果小麗盡早和爸爸媽媽溝通，情況就不是這樣了。

從上面的分析可以看出，處在心理過渡時期的孩子的婚戀觀還是比較單純和盲目的，存在許多變數。不論是哪種原因的戀愛失敗，必然會對孩子的心理健康造成一定的影響。爸爸媽媽應該防患於未然，教導孩子樹立正確的婚戀觀，幫助孩子在選擇戀愛對象時做出明智的選擇。在面對戀愛失敗的孩子時，爸爸媽媽應該引導孩子以樂觀的態度來看待問題，總結失敗的經驗和教訓，幫助孩子走出失戀的陰影。

請你跟我這樣做

一千個孩子就會有一千種戀愛觀、一千種想法，爸爸媽媽需要的是隨機應變的智慧和一顆關愛孩子的心。

● **爸爸媽媽恩愛，家庭和睦**

從幸福、和睦的家庭走出來的孩子更容易有幸福的婚姻，因為在爸爸媽媽的言傳身教下，孩子擁有了樂觀的人生態度、平衡的情緒、面對挫折的堅持與意志力，對世界充滿好奇，理解對家庭和婚姻的責任，知道如何愛他人。在孩子成長的過程中，營造一種輕鬆、和睦的家庭氛圍，對孩子成長益處多多。

● **民主、包容的溝通方式**

爸爸媽媽不要給孩子設定所謂的「大學期間不允許談戀愛」的禁令。青年初期孩子的感情盲目且衝動，當感情到來的時候，家長所設定的條條框框馬上就會變成浮雲，但是，爸爸媽媽的禁令會成為孩子的顧慮，使得孩子不敢和家長溝通自己的感情狀況。假如孩子將自己的對象介紹給爸爸媽媽認識後，爸爸媽媽在不了解孩子對象的前提下表示強烈的反對，反而會使孩子將戀情轉移到地下。

● **和孩子保持聯繫**

第七章 成熟的「小孩」

家長不要認為孩子已經成年了，自己以後就可以樂得輕鬆了。孩子雖然成年了，但是處事方式還頗為幼稚。家長需要隔段時間過問一下孩子的狀況，了解孩子的感情生活。家長也可以透過推薦經典作品，如珍·奧斯汀的《傲慢與偏見》《理智與情感》，夏洛蒂·勃朗特的《簡愛》等，和孩子討論作品中的人物在面對愛情時是怎麼抉擇的，他們為什麼要這樣抉擇。當然，如果孩子失戀了，爸爸媽媽也不要過於埋怨孩子和孩子的對象，要從積極的方面看待這件事，和孩子一起總結經驗與教訓，幫助孩子成為更好的自己。

嘮叨詞典

羅密歐與茱麗葉效應

在莎士比亞的經典名劇《羅密歐與茱麗葉》中，羅密歐與茱麗葉相愛，但由於家族的世代仇怨，他們的愛情遭到了極大的阻礙。這種阻礙不僅沒有使得他們分手，反而讓他們愛得更深，直至最後雙雙殉情。所謂羅密歐與茱麗葉效應，指的是當出現干擾戀愛雙方愛情關係的外在力量時，戀愛雙方的情感反而會加強，戀愛關係也會變得更加牢固。

他山之石

你以為我會無足輕重地留在這裡嗎？你以為我是一架沒有感情的機器人嗎？你以為我貧窮、低微、不美、渺小，我就沒有靈魂，沒有心嗎？你想錯了，我和你有一樣多的靈魂，一樣充實的心。如果上帝賜予我一點美、許多錢，我就要你難以離開我，就像我現在難以離開你一樣。我現在不是以社會生活及習俗的準則和你說話，而是我的心靈和你的心靈講話。

——摘自《簡愛》

2. 苦澀的「禁果」

窘窘小劇場

小青做夢都沒有想到，大學時代一場盲目、衝動的短暫戀情，會給自己日後的生活帶來無窮無盡的煩惱。如果可以重來一次，她一定不會輕易地邁出那一步，不會任由衝動把自己拖進麻煩的深淵。可惜，人生沒有重置鍵。

一切都得從大二那年說起。

小青活潑、漂亮，成績也非常好，一進校門，就在那所男生群聚、以理工科出名的大學裡成為一個十分亮眼的存在，追她的男生據說可以從一號食堂的前門排到三號食堂的後門。

大二那年，小青的「白馬王子」小劉終於從眾多的追求者中脫穎而出，正式成為了小青的男朋友。不得不說，小劉和小青還是十分登對的，一樣外貌出眾，一樣學習頂尖，在所有人的眼裡，他們是那麼完美的一對，他們自己也這樣認為。他們擁有共同的語言，除了一點：小劉來自一個非常保守的家庭，雖然是男孩，但是卻堅定地認為雙方在走入婚姻的殿堂之前，不應該有過分親密的行為；而小青，雖然她的爸爸媽媽相當傳統，但是，自從她上了大學接觸到美劇以後，就深深地被美劇中的世界所陶醉，憧憬和嚮往劇中人物那種自由、隨意的舉止和充滿激情的親密關係。

12月24日的狂歡派對後，小青決定要做點特別的事情來慶祝第一個屬於他們兩人的平安夜，同時也讓兩人的關係有「突破性」的進展。於是，小青將小劉帶到了她早已預訂好的快捷酒店，對小劉說今天晚上他們要成為「一體」的。小劉在震驚過後，開始結結巴巴地對小青闡釋他的想法，小青沒想到自己這麼主動卻換來小劉的「冷遇」，懊惱又不甘——是不是自己的魅力不夠，所以被拒絕？她賭氣似的「激」小劉：「你是不是男人？」終於，在莫名的憤怒和荷爾蒙的作用下，不該發生的事情發生了。

這件事不但沒有給兩人的關係帶來「突破性」的進展，反而使小劉覺得小青太過隨便，不是理想的對象，很快就和她分手了。戀情結束後，小青那個「隨便」的名聲傳了出來。

做知「性」父母：性教育家長自助手冊

第七章 成熟的「小孩」

畢業不久，小青在工作單位遇到了高她幾屆的學長，學長溫文儒雅，很快俘虜了小青的芳心，兩人步入了婚姻的殿堂，隨即可愛的寶寶也出生了。小青以為，自己的生活從此要和快樂、幸福連結在一起了，沒想到寶寶出生後不久，丈夫就要求帶著孩子去做親子鑑定，理由是：孩子長得不像自己，而且聽說小青曾經非常「隨便」。

爸爸媽媽快速反應指南

私人專家課堂

作為一個法律意義上的成年人，大學生對自己的身體、行為擁有自主權，這是無可爭議的事實。作為家長，我們沒有權力替孩子做主，要求他們一定要完全遵守傳統觀念，必須要將貞操保持到婚後。但是，作為監護人，作為在社會中摸爬滾打了多年、對社會的各種規則爛熟於心的長輩，我們有義務把生活中可能存在的暗礁向孩子指明。

社會在不斷地進步、發展，人們的觀念日趨開放，尤其是年輕人，逐漸地將很多西方的價值觀融入自己的價值觀中，性解放的觀念就是其中之一。很多年輕人對性解放思想的理解十分膚淺，以為性解放就是「我的身體我做主」「只要高興，和誰發生關係都可以」，甚至標榜「這是和發達國家接軌，是文明進步的表現」。事實真的是這樣嗎？

從歷史來看，西方的性解放思想萌芽於 14～16 世紀歐洲文藝復興時期，當時，抗爭的鋒芒指向基督教會的黑暗統治以及它的以經院哲學為基礎、以禁慾主義為中心的腐朽世界觀。在當時的歷史背景下，性解放的思想是具有一定進步意義的。將性解放的思想以系統的理論形式反映出來，是在 19 世紀末 20 世紀初。到了 20 世紀六七十年代，這一思想幾乎席捲了整個西方世界，尤其是伴隨著當時美國的婦女解放運動，性解放運動達到了高潮。

那麼，性解放真的為西方世界帶來了開化、文明和進步嗎？還是以美國為例。美國的性解放給社會風氣造成了嚴重的汙染，家庭結構發生了很大的變化，青年男女平均結婚年齡推遲，私生子逐步增多，而整個美國的出生率卻在 20 世紀 70 年代初期急劇下降。青年男女對婚姻的和、離抱有極不審慎

的態度，從而導致離婚率猛增，受到這種不負責任的態度傷害最深的是孩子。爸爸媽媽的放縱行為，在孩子的心靈上留下了不可彌合的創傷，給孩子的成長帶來了很大的負面影響，也成為青少年犯罪率激增的重要相關因素。

總之，性解放給美國帶來的是人們道德的混亂、社會風氣的汙染和精神的墮落。正是意識到了性解放給社會帶來的危害，美國又開始提倡婚前守貞。例如，在「真愛等待」守貞運動中，政府甚至撥出高達數億美元的預算用於青少年的禁慾教育。

視線回到華人世界，我們的一部分年輕人，在盲目跟從西方思潮的時候，忽略了華人上千年的傳統文化底蘊對人們生活的影響力。華人骨子裡對家庭的重視、對婚姻神聖性的推崇，注定了華人對婚姻和愛情雙方的忠誠度的關注，具體表現為對雙方貞潔的關注。所以，性解放思想的擁躉，在衝動過後，回到柴米油鹽的現實生活中，往往會成為人們不齒的對象，也會在婚姻市場上失去應有的吸引力。就像小青那樣，時過境遷以後，還要面對配偶對自己的不信任。試想，小青在這種失去基本信任的婚姻中，還能獲得幸福嗎？

請你跟我這樣做

● **少命令，多交流**

親愛的爸爸媽媽，面對這個年齡階段的子女，希望你能注意，儘管在你的眼裡，他們永遠都是小孩，但是事實上，無論是在生理上還是心理上，你面對的都是一個有獨立思考能力的成年人。因為是成年人，所以，你不可能再要求孩子對你「令行禁止」，發號施令只會引起孩子的反感。但是，也正是因為是成年人，所以，你可以將自己的想法和孩子進行對等的溝通，把你的閱歷跟孩子進行交流，把你的擔憂告訴孩子，曉之以理，動之以情，讓孩子根據自己的判斷做出最合適的選擇。

● **端正態度，此「守貞」非彼「守貞」**

爸爸媽媽不應倡導封建糟粕的「存天理，滅人欲」，或者舊式的、單純針對女性的「守貞」，而是應該告誡孩子：無論男孩還是女孩，慎重地對待

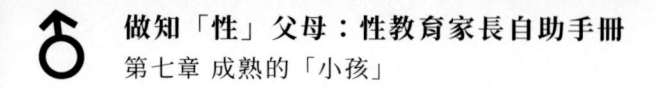

婚前性行為，不要將感情和性區分開來，不要單純地為了貪圖一時享樂而發生性行為，更不要將性作為籌碼，去交換物質需求。

● 「唐僧唸經」適度用

爸爸媽媽不要以為你以前教給孩子的性知識足夠用了。為了預防和減少婚前性行為的發生和未婚先孕的現象，爸爸媽媽需要對孩子進行適當的性生理、性心理和性道德的再教育。爸爸媽媽要改變羞於啟齒的習慣，適時向孩子強調婚前性行為的危害以及流產手術的後果，鼓勵孩子守貞。同時也要注意，不要向孩子傳遞「性是很髒的行為」等錯誤的思想。

● 尊重孩子的選擇，做孩子的靠山

如果孩子認為自己和對象感情穩定，雙方對於愛情的態度嚴肅，具有充分地享受性接觸的理由，那麼，爸爸媽媽也要尊重孩子的選擇。如果發生了意外懷孕，爸爸媽媽應該抱著不要再傷害孩子的態度，不歧視、諷刺、挖苦和責罵孩子，避免增加孩子的心理負擔。爸爸媽媽要從愛護、幫助、關愛和同情孩子的角度出發，尊重孩子的人格，勸導他們吸取教訓，幫助他們渡過難關，使他們身心健康地成長。

嘮叨詞典

「真愛等待」守貞運動

1993 年 4 月，美國的理查德·羅斯和吉米·海絲特一起發起了這場運動。當時，他們呼籲青少年許下婚前守貞的承諾，發誓忠誠於上帝和他們的家人。

那個誓言中說：「我相信真愛需要等待，我向神、自己、我的家人、我未來的伴侶和我未來的孩子許下承諾，從今天開始直到我進入一段基於聖經的婚姻關係，我都會保持禁慾。」

「真愛等待」運動從開始到現在已經擴展到了大約 100 個國家，幫助青少年抵抗來自同輩的壓力。

他山之石

1942 年，瑞典開始對 7 歲以上的孩子進行性教育，教師採用啟發式、參與式和遊戲式的教學方法，在小學傳授妊娠與生育知識，在中學講授生理與身體機能知識，到大學則把重點放在戀愛、避孕與人際關係的處理上。

3. 學會自我保護

窘窘小劇場

自從小雪大二的時候遇見小杰，他們的戀情就開始一發不可收拾。小雪認為，小杰就是她這輩子想要找的那種男孩，雖然不是特別帥、特別高，但是做事很可靠。小杰覺得，小雪十分可愛，也體諒人，不會像很多女孩子那樣亂發脾氣。小雪和小杰有著共同的理想，他們要一起旅遊，一起考研究所，一起奮鬥。小雪立志成為舒婷的詩歌《致橡樹》裡面的那株木棉樹，絕不成為攀緣的凌霄花。

雖然小杰和小雪的感情十分穩定，雙方家長對他們的戀愛關係也相當支持，他們還計劃著畢業後訂婚，但是在一件事情上他們是有分歧的。小杰覺得，自己和小雪的感情是真摯的，情之所至，發生性關係也在情理之中。小雪從小家教比較嚴格，爸爸媽媽對性教育諱莫如深，小雪從心理上難以接受婚前性行為。

隨著感情的升溫，小杰和小雪的親密程度逐漸從牽手、擁抱變成了親吻。在一次旅遊中，小杰實在是控制不住自己，與小雪發生了關係。自此之後，小雪雖然心理上有負擔，但是在和小杰獨處時，總是控制不住，兩人的性生活成了家常便飯。

半年的時間過去了，小雪發現自己的隱私部位常常搔癢難耐，白帶也很不正常，量變得很多，並且不是正常的半透明的樣子，而是呈乳白色或黃色，有時還帶著血絲。入世不深的小雪嚇壞了，又不敢跟爸爸媽媽和同學說，只是跟小杰哭訴自己一定是得了性病，而且這性病一定是小杰傳染給她的。小杰很委屈，反駁說自己潔身自愛，從來沒有做過對不起小雪的事情，誰知道

小雪的病是怎麼回事？聽了這個話，小雪從恐懼、委屈變成了憤怒，說自己沒有和小杰發生關係以前，身體一直都很健康，就是和小杰做了不該做的事情，才會染上這種「髒病」。

兩人為此鬧得不歡而散，幾乎一度到了分手的邊緣。他們從來都沒有想過，和有情人做快樂的事竟然會給自己帶來這樣大的麻煩。

爸爸媽媽快速反應指南

私人專家課堂

也許爸爸媽媽覺得自己的孩子不會發生婚前性行為，因此忽視了教育孩子怎樣的性行為是安全的。不可否認，這個時期的孩子對愛情有了自己的判斷，也懂得了責任、愛和尊重，遇到合適的人，就會發展成穩定的戀愛關係。但是，這個年齡的孩子血氣方剛，就算家長三令五申，可能也阻止不了他們發生性關係。像小杰和小雪，感情已經基本穩定，對未來有了規劃，雙方家長都十分認可，發生了性關係也無可厚非，爸爸媽媽對這樣的孩子應該報以寬容。然而，由於性教育的缺乏，這個年齡段孩子的安全性行為意識之淡漠，超出了爸爸媽媽的想像。2012年的統計數據顯示，大學生婚前性行為的發生率高達27.5%，而性交中每次都採取避孕措施的只有28.7%。2010年針對在校大學生的調查發現，有16.6%的女生曾經有過意外懷孕。一項針對在校大學生的調查發現，有1.5%的大學生報告曾經被診斷罹患過性傳播疾病。針對大學生的調查數據觸目驚心，可以推想，同一年齡階段的、未接受高等教育的年輕人對安全性行為的重視程度可能更低。

不安全的性行為帶來的後果是非常嚴重的，輕則導致性交雙方，尤其是女孩發生生殖器官炎症；重則可能感染嚴重的傳播性性疾病，如淋病、梅毒、愛滋病等。另外，還有一個更嚴重的後果——意外懷孕。小杰和小雪正處在人生的關鍵時期，意外懷孕不僅會影響學業，妨礙身體健康，影響正常的心理發育，而且從長期來看，還會對個人的成長帶來傷害性的影響。

探究這個年齡層孩子不安全性行為的原因，主要有以下幾個方面：

第一，缺乏足夠的性知識，對不安全性行為的危害意識不足；

第二，衝動行事，情緒到了，不管不顧；

第三，受經濟條件限制，發生性行為時條件簡陋，沒有條件在性行為之前清洗身體，也沒有足夠的預算購買保險套；

第四，害羞，認為避孕是大人的事情，購買保險套或者避孕藥是很羞恥的。

請你跟我這樣做

● 注意孩子的年齡特點，謹慎開始性問題交流

和處在這個年齡階段的孩子交流性問題，爸爸媽媽要十分謹慎。因為他們正處在一個強烈地希望別人認同自己已經成為獨立的、成熟的大人的階段，他們的自尊心既強烈又敏感，所以，爸爸媽媽要十分注意自己和孩子交流的方式、方法與時機。否則，你會發現，你很難控制和他們交流的節奏，很難自然地把對話進行下去。

● 提倡守貞，但是切忌保守

在對待婚前性行為的態度方面，爸爸媽媽可以提倡孩子守貞，但是思想不可以過於保守，畢竟孩子已經成年，他們有自己的想法；再則，孩子離家較遠，爸爸媽媽也鞭長莫及。為了讓孩子的身心得到健康發展，爸爸媽媽有必要做另一手準備，即提前告訴孩子怎樣的性行為是安全的。

● 為擁有嚴肅戀愛關係的孩子準備保險套

如果孩子已經建立了嚴肅的戀愛關係，可以嘗試在孩子寒暑假返校準備行李時，拿出事前準備好的保險套交給孩子。孩子多半會感到尷尬，但是家長可以趁此機會表明自己的立場。

首先，希望孩子在可能的前提下守貞，將最寶貴的體驗留到最值得紀念的時間，將最珍視的堅持留給真愛的人。如果你的孩子是男孩，請提醒他一定要尊重女孩的意願，哪怕女孩只有微弱的牴觸情緒或者猶豫，也不能勉強其發生性關係。如果你的孩子是女孩，告訴她哪怕有一丁點的遲疑，也不要突破自己的底線。性應該是雙方感情的昇華，只注重單方面慾望的釋放、不

尊重她的意願的男孩對她不是真愛，需要用性關係來維持的愛情也不值得珍惜。

其次，告訴孩子，如果做不到守貞，希望他能夠學會自我保護和保護他人。

提醒孩子，儘量選擇安全、衛生、隱私的地方約會。發生性行為前後，雙方都要注意清洗生殖器，降低細菌感染的風險。女性的生理週期期間，嚴禁發生性行為。

以過來人的身分告訴孩子，尊重生命，愛護身體，重視避孕措施。告訴孩子什麼樣的避孕方式不夠安全、有效，最好不要採取。

鼓勵孩子使用保險套避孕，告訴他不必為此感到羞恥。告訴孩子使用保險套的注意事項：發生性行為前應該檢查保險套是否破損，在性行為的過程中應該全程使用保險套。提醒男孩子要根據自己生殖器的尺寸購買合適的保險套，而且要購買正規廠家的保險套。

告訴孩子，在使用保險套等避孕方法失敗的時候，可以透過服用事後緊急避孕藥來達到避孕的效果。但是，這種避孕藥一般是在事後 72 小時內服用，越早服用效果越好，且一年內服用次數不要超過三次，一個月內最多只能使用一次。

最後，告訴孩子，如果出現生殖系統方面的不適，要及時到正規醫院尋求醫生的幫助。

嘮叨詞典

守貞

婚前不和別人發生性行為，婚後沒有和配偶以外的人發生性關係，可稱為守貞。中國古代片面要求婦女守貞，男子則不必。如今，我們強調男女平等，男女都應該守貞，以杜絕濫交導致性病猖獗和墮胎等社會問題。

他山之石

夏天在郊外你不是也看到兩隻蝴蝶趴在一起嗎？動物這樣做是為了生小寶寶，可是爸爸媽媽這樣做是因為相愛。有一天，媽媽躺在床上說，我們製作一個小寶寶吧。爸爸的精子就鑽到了媽媽的卵細胞中，這就是你！當時你只有針尖那麼大，你開始在媽媽的肚子裡一天一天長大，後來鑽了出來，我們就擁有了一個可愛的寶寶啦！

——摘自《我們的身體》

20世紀70年代，芬蘭的性教育進入中小學的教學大綱，連幼兒也有正面的性教育圖書。此外，芬蘭還建立了青少年諮詢電話、青少年保護機構等。在國際人口與發展大會上，芬蘭的性教育作為成功的經驗受到推崇。1975至1994年，芬蘭15～19歲的女孩，人工流產率從21.2%下降到9%，性病的發生率也顯著降低，這是非常了不起的成就。芬蘭的經驗說明，疏而非堵才是行之有效的教育青少年的方法。

4. 讓生命遠離愛滋

窘窘小劇場

小張最近麻煩不斷，先是持續幾天的嚴重便祕，到醫院去看病，醫生說他肛門有問題，需要做手術。他根本沒有想到便祕會鬧到要做手術，儘管不情願，但還是遵循醫囑去做了術前檢查，準備接受手術。沒想到，這一檢查，把他拋到了絕望的邊緣。

他去化驗窗口拿驗血單，醫生神神祕祕地把他叫到一邊說：「小夥子，你需要去一趟疾病管制中心，再做一下確認。」小張很納悶，什麼確認需要到疾病管制中心去做？醫生接下來的話讓他如墜冰窟：「你的血樣檢查結果顯示，你可能感染了愛滋病。我們醫院不能確認，你必須去疾病管制中心。」

小張不知道自己是如何回的學校，他全部的意識都被三個字「愛滋病」填滿了。小張完全不知所措，貌似高中課本中提到過愛滋病，但是他一直覺得愛滋病離自己很遠，自己怎麼可能被感染呢？小張上網查了各種相關資訊，

每知道一點關於愛滋病的情況，他的心就下沉一分。自己還那麼年輕，難道要英年早逝嗎？

想想之前交往過的女朋友，小張萬分後悔。小張人長得帥，性格陽光，但是在感情方面卻相當隨意。高中就談了好幾個女朋友，被家裡人阻止了。上了大學後，離家比較遠，也沒有人管著他了，小張覺得自己自由了。憑藉自己的長相和身高優勢，小張在大一就交了三個女朋友，大二時他變本加厲，大三課業比較少，他就跑到校外和一些社會上的人混在一起，在這期間，他認識了現任女朋友，是一個被外邊的人稱作「大姐頭」的女孩。

大三以後，小張就沒有好好學習過，在外邊唱歌、喝酒，出入各種娛樂場所。社會上有些女孩確實沒有女學生的那種羞澀，大家也放得開，小張一直覺得沒有什麼，直到這一紙驗血單告訴他有可能感染了愛滋病。

親愛的爸爸媽媽，也許你從社區的宣傳標語中了解到有一種病叫做愛滋病，但是你知道這種病為什麼得到了社會各界的高度重視嗎？你知道愛滋病是怎麼傳播的嗎？你知道如何預防愛滋病嗎？

爸爸媽媽快速反應指南

私人專家課堂

親愛的爸爸媽媽，你是否知道愛滋病是威脅人類健康的殺手？很多研究認為，愛滋病起源於非洲，後由移民帶入美國。自從 1981 年美國發現第一例愛滋病以來，這種疾病迅速蔓延到全球多個國家。

愛滋病（AIDS）全名為「後天免疫缺乏症候群」，是由愛滋病毒（HIV）引起的。愛滋病毒是一種能攻擊人體免疫系統的病毒，它把人體免疫系統中最重要的 T 淋巴細胞作為主要攻擊目標，大量破壞該細胞，使人體喪失免疫功能。因此，患病後期，人體易於感染各種疾病，並可能發生惡性腫瘤，病死率極高。正常人感染愛滋病後，血清中檢測不出愛滋病毒，這段時期叫做空窗期，一般維持幾週到幾個月。然後進入臨床潛伏期，這段時期是幾個月至十幾年不等，此時感染者可以沒有任何症狀地生活和工作多年。當感染者體內的免疫細胞已經無法與愛滋病毒抗衡時，就標誌著其進入愛滋病毒感染

的最後階段，稱為發病期。這時，感染者被稱作愛滋病患者，他們非常容易受到其他疾病的感染，一些平時根本不會對人的生命產生威脅的普通傳染病，如肺炎等，也會給患者的身體帶來無法控制的傷害。愛滋病患者一般在半年到一年內死亡。

一般來說，在公共場所感染愛滋病的機率很小。因為愛滋病毒一旦離開人體後，生存能力就變得非常弱，普通的消毒劑、熱水就可以消滅它，所以，在公共浴池是不會感染愛滋病的。愛滋病也不會透過空氣傳播，和愛滋病人說話是不可能感染愛滋病的。和愛滋病人握手、擁抱、共同進餐、共用辦公用品等都不會感染愛滋病。愛滋病也不經由馬桶蓋、電話機、餐具、蚊蟲叮咬、寢具等傳播。

愛滋病感染確實存在多種途徑，愛滋病毒存在於感染者的血液、精液、陰道分泌物、淚液、尿液、乳汁、腦脊髓液等體液中，屬於體液傳播。愛滋病患者及愛滋病毒攜帶者均有傳染性，主要的傳播方式有性接觸傳播、血液傳播以及母嬰傳播。

愛滋病毒可透過性交傳播。生殖器患有性病（如梅毒、淋病、尖銳濕疣等）或潰瘍時，會增加感染愛滋病毒的危險。愛滋病毒感染者的精液或陰道分泌物中有大量的病毒，透過肛門性交、陰道性交，就會傳播病毒。口交傳播愛滋病的機率比較小，但也並不是不可能，當健康的一方口腔內有傷口或破裂的地方，愛滋病毒就可能透過傷口傳染。性伴侶越多，感染愛滋病的可能性越大。

愛滋病毒可以透過血液傳播。共用注射針頭、靜脈吸毒一直是傳播愛滋病的重要方式。當然，輸入被愛滋病毒汙染的血液或血液製品，使用未經嚴格消毒的手術、注射、針灸、拔牙、美容等進入人體的醫療器械，都有可能感染愛滋病。

感染了愛滋病毒的婦女，透過妊娠、分娩和哺乳，有可能把病毒傳染給胎兒或嬰兒。在未採取預防措施的情況下，約有 1/3 的胎兒和嬰兒會受到感染。

做知「性」父母：性教育家長自助手冊
第七章 成熟的「小孩」

請你跟我這樣做

爸爸媽媽必須明確的是，儘管目前愛滋病已有較好的治療方法，如雞尾酒療法，可以延長生命，改善生活品質，但是尚無有效預防愛滋病的疫苗，也無根治愛滋病的特效藥。因此，爸爸媽媽應教會進入性活躍期的孩子採取預防措施，阻斷一切可能受到感染的途徑。

首先，讓孩子懂得為愛情守貞，幫助孩子樹立健康的戀愛觀和婚姻觀，堅持潔身自愛，儘量避免婚前性行為。家長應該避免孩子選擇性解放的生活方式。

其次，讓孩子知道使用保險套的重要性。保險套一方面可以避免懷孕，另一方面可以大大減少感染愛滋病和其他性病的危險。當然，想要保險套發揮作用，應該全程使用。

再次，讓孩子從小樹立「遠離毒品，珍愛生命」的觀念，遠離各種娛樂場所，拒絕與社會上的不良青年接觸。

最後，告誡孩子出門在外，看病就醫要找正規的醫療機構，同時注意個人衛生，不要和他人共用牙刷、刮鬍刀等個人用品。

嘮叨詞典

雞尾酒療法

雞尾酒療法又稱「高效能抗愛滋病毒治療」，由美籍華裔科學家何大一於 1996 年提出，是透過三種或三種以上的抗病毒藥物聯合使用來治療愛滋病。雞尾酒療法把蛋白酶抑制劑與其他多種抗病毒藥劑混合使用，在愛滋病毒剛侵入人體時下藥，不待發病即可阻止病毒破壞人體的免疫系統，從而使患者的發病時間延後數年。該療法的應用可以減少單一用藥產生的抗藥性，最大限度地抑制病毒的複製，使被破壞的機體免疫功能部分甚至全部恢復，從而延緩病程進展，延長患者生命，提高生活品質。

他山之石

美國

美國公立學校 95% 以上的校長表示，在他們學校的性教育課上，會討論愛滋病和其他透過性行為傳播的疾病。美國有接近半數的學校提供在何處可獲得避孕器具以及如何使用避孕器具的資訊。

泰國

為了遏制少女懷孕以及愛滋病問題的持續惡化，泰國公共衛生部家庭計劃及人口控制署向幼稚園的孩子普及性教育。他們認為，這個年齡階段的孩子還不知道害羞，可以客觀地、坦然地接受性教育。從小灌輸正確的性知識，可以防止青少年過早地發生性行為。泰國 1995 年的監測數據顯示，性教育活動使得泰國國內 21 週歲男性的性相關疾病感染率相比 1991 年下降了 50% 左右，愛滋病感染率也減少了 30% 左右。

5. 傷不起的「斷背山」

窘窘小劇場

暖暖今年 23 歲，是就讀大四的學生，正是青春年少的好時候，她的人生簡單、快樂。但是，暖暖媽媽的想法可不一樣，她覺得自己的女兒清新可愛，學習成績名列前茅，辦事能力也拿得出手，這麼優秀的女孩怎麼能找不到男朋友呢？

於是，趁著暖暖寒假回家，媽媽就給暖暖張羅著相親。

這次相親的對象是一個叫劉威的公務員，今年 27 歲，各方面條件都十分優秀。暖暖心中十分奇怪，按理說，像這種工作穩定的大好青年，在單位裡是很吃香的，應該有女朋友或者已經結婚了，而不應該像介紹人說的那樣一次戀愛都沒有談過。當和劉威接觸一段時間後，暖暖似乎有點明白了。劉威和暖暖認識的有女朋友的男孩有點不一樣，這種感覺很細微，不仔細分辨很難抓住。

做知「性」父母：性教育家長自助手冊
第七章 成熟的「小孩」

劉威穿著十分注重搭配，甚至有點「潮」，每次和暖暖見面的時候穿著都不重複。相比之下，暖暖的很多男性朋友出門時都是抓到哪件衣服乾淨就往頭上套，似乎有點「不修邊幅」。而且，暖暖發現，剛和劉威接觸時他比較 Man，但是熟絡之後，他的行為舉止似乎透著一股說不出來的「娘」，也就是女孩子氣。最讓暖暖起疑的地方是，劉威每次見面的時候表現得很熱情，也很健談，可是私下對自己並不主動，都是他媽媽催他一下，他才動一下。

暖暖覺得自己可能碰上了「斷背山」，劉威也許是到了結婚的歲數，扛不住家裡的七大姑八大姨的三催四問，沒有辦法才出來相親的。身為同性戀的劉威，和暖暖一樣都喜歡男人，怎麼可能產生愛情呢？難怪劉威在相親中表現得如此矛盾。最終，這段相親經歷也就在暖暖的強烈反對下夭折了。

親愛的爸爸媽媽，你了解同性戀嗎？你是不是覺得同性戀離自己很遠？如果你認識的某一個人是同性戀，你會怎麼看待他呢？如果你的孩子是同性戀，你會接受他不結婚嗎？

爸爸媽媽快速反應指南

私人專家課堂

根據美國心理學會的定義，同性戀是指一個人在性愛、心理、情感及社交上的興趣，主要對象均為同性別的人，無論這樣的興趣是否在外顯行為中表露出來。在歷史上，同性戀是一個頗具爭議的課題，曾經被認為是一種性心理障礙，需要被矯正。因此，過去乃至現在，仍然有許多國家對這一群體帶有歧視、恐懼、排斥甚至憎恨的情緒。2002 年，有一項針對加拿大、美國、紐西蘭三個國家 500 多名男女同性戀和雙性戀青年的研究顯示，75% 的人曾經因為他們的性偏好而被人辱罵，還有 15% 的人曾經因此而被人毆打。這個數據是在性觀念相對更加開放的歐美地區調查得到的，如果調查地點放到相對保守的亞洲，可能數據還會增大。

現在普遍認為同性戀的成因主要有三種因素。

一是生理因素。生物學家發現，不是只有人類存在同性婚姻，動物也存在同性關係，同性關係可能有助於促進動物的生理、生活史和社會行為進化。

同性戀的成因可能與基因有關，是先天的。某些基因會影響胎兒的性激素水平及其機能，而性激素水平會改變胎兒的腦部結構，引發其對同性的情感和行為。除了基因以外，環境也可能改變胎兒出生前的激素水平，如孕婦服用某些防流產藥物。

二是家庭因素。佛洛伊德學派的學者將同性戀歸因於兒童時期的壓力。他們認為，造成男同性戀的原因可能有：男性在兒童時期對爸爸缺乏認同而對媽媽過於依賴；男孩在成長過程中身邊有太多的女性使其思想行為傾向於女性化；爸爸經常責罵兒子；爸爸媽媽對性的恐懼使孩子的性觀念被歪曲，以致不能很好地適應異性戀的生活等。造成女同性戀的原因稍微有一些不同，很多女同性戀的產生與情緒受創的經歷有關，如被強姦等，使她們缺乏安全感，無法與男性相處。

三是心理動力因素。這種觀點認為，一個人如何發展自己的內在心理，對其性取向和性別認定有明顯的影響。有部分同性戀者對自身性別與解剖生理上的性別特徵的認定呈逆反心理。例如，本來具有男性的身體，但是從小就覺得自己是女孩，也就是說，這種同性戀者在性別認定方面存在障礙，不能符合一般人的期望，未能扮演與原來生理性別一致的社會角色。

從上述同性戀的成因來看，同性戀可能是先天的，也可能是受後天因素的影響。但一般來說，性傾向形成後就相當穩定，一般不會發生改變，所以，異性戀是不會被「同志」影響成為同性戀的。至於同性戀的人數到底有多少，專家估計，同性戀者占成年人口的比例約為 3%～4%，其中大約有 80%～90% 的同性戀者在「出櫃」與婚姻中選擇了異性婚姻，並有了孩子。

劉威正是像大多數同性戀者一樣，到了婚姻的年齡，迫於家庭的壓力，不得已開始接觸異性，選擇與異性結婚。然而，作為同性戀者，他們是不可能愛上異性伴侶的，他們對婚姻表現出退縮，無法為婚姻生活付出愛與責任。作為他們的妻子或丈夫，不僅不能得到性生活上的滿足，還要遭受冷落、漠視、家庭冷暴力及性病的威脅。

做知「性」父母：性教育家長自助手冊

第七章 成熟的「小孩」

請你跟我這樣做

● 無須談「同」色變

不是所有有女性化特質的男孩或有男性化傾向的女孩長大後一定會成為同性戀者，也不是所有同性戀者在幼年期就具有這些特質，爸爸媽媽不應對處在發展階段的孩子的類「同」行為反應過度，甚至貿然做出嚴苛的責罰。不過，這並不表示爸爸媽媽可以坐視不管，或默認孩子的某些脫軌的「嘗試」，如單純地追求刺激而去嘗試同性性行為。爸爸媽媽應善盡職責，給孩子以溫和的監督和良性的提醒，而不是惡意中傷。

● 預防大於矯正

爸爸媽媽要認清孩子的行為或人格裡同性戀傾向的早期徵兆，例如，孩子實在不喜歡傳統意義上符合其性別特徵的遊戲，而是鍾情於異性的遊戲，即男孩喜歡女孩的活動，女孩喜歡男孩的活動。在有所發現後，爸爸媽媽應提供替代活動，加強親子關係，讓孩子感受到爸爸媽媽無條件的愛與接納。爸爸媽媽還應給予孩子適宜的精神鼓勵，也可以在別的項目上重建孩子的自信與自尊，引導孩子接納自己的生理性別。

● 釐清家庭不健全的關係和行為模式

爸爸媽媽應努力將家改善成為一個開誠布公與良性溝通的園地。疏離感是很多同性戀者早期家庭生活中共有的標記，很多種家庭模式會漸漸形成孩子的孤獨感和疏離感，例如，爸爸媽媽想要一個不同性別的孩子，爸爸長期缺席，親子關係淡薄等家庭模式。

● 保護純粹的同性戀孩子，做孩子最後的退路

前文已經提到，有些同性戀的形成原因是先天的，是由基因發生變化引起的，這樣的同性戀行為是無法矯正的，孩子也不應該為自己無法選擇的錯位而受到責難。同時，由於這些同性戀的孩子面臨著強烈的自我接納與社會接納方面的壓力，所以，他們中的大多數處在激烈的內心衝突當中。有研究顯示，在同性戀和雙性戀青年中，嘗試自殺的機率非常高。在這種情況下，如果爸爸媽媽再對自己的孩子採取侮辱、敵視的態度，那麼，很容易將本已

脆弱的孩子逼上絕路。用你博大的愛去接納需要幫助的孩子，讓孩子知道，就算這個世界都拋棄了他，你也仍然接納他，無條件地愛著他，讓孩子始終有後路可退。

嘮叨詞典

出櫃

「出櫃」來源於英文「come out of the closet」，指的是同性戀者向他人公開自己的性傾向或性別認同的行為。相對而言，如果不願意表達自己的性傾向，則被稱之為「躲在衣櫥」或「深櫃」。

他山之石

目前，丹麥、挪威、瑞典、冰島、荷蘭、比利時、加拿大、德國、法國、芬蘭、美國等國家已將同性戀婚姻合法化，冰島、巴西、捷克、斯洛伐克等國家也不同程度地保護同性伴侶的法律權利。台灣在 2019 年 5 月 7 日通過同婚法案，成為亞洲第一個可以合法同婚的國家。

做知「性」父母：性教育家長自助手冊
後記

後記

性，一個讓很多人難以坦然的字眼；性教育，一個讓現代爸爸媽媽無法迴避的家庭教育主題。到底要不要對孩子進行性教育，這對很多受過良好教育的父母來說不再是個問題，真正的問題在於：孩子的性教育從什麼時候開始？從什麼角度對孩子進行性教育？對孩子的性教育應該進行到什麼程度？面對不同年齡階段的孩子如何切入性教育的話題進而有針對性地解決孩子的困擾？

為了解決以上問題，本書以真實案例為基礎，以年齡為線索，針對不同年齡階段孩子所遭遇的性問題、情感問題對症下藥，幫助家長輕鬆面對孩子的「尷尬」問題。本書是年輕父母應對孩子「性」和「愛」問題的重要參考書。

本書由長期從事心理健康教育和研究的大學教師、中學教師以及活躍在其他戰線的心理健康工作者共同編寫，編者中的大部分還有一個共同的身分──爸爸媽媽。本書由周源、戴倩任主編，負責全書的框架結構設計，指導具體寫作工作，進行審稿、統稿、定稿；石穎、王輝、周靜、徐蔚任副主編。

在寫作過程中，我們參閱和引用了有關專家學者的專著、教材、論文中和網站上的一些觀點、材料，在此謹向這些文獻資料的作者表示衷心的感謝！在典型案例和問題的收集、整理過程中，我們得到了不同年齡階段孩子的爸爸媽媽的幫助和支持，在此也向他們表示衷心的感謝！出版社對本書的策劃、修改、改善提出了寶貴的意見和建議，在此一併表示感謝！

由於水平有限、時間倉促，書中難免有一些不足之處，敬請各位專家和使用者批評指正，以期再做修訂。

編者

做知「性」父母：
性教育家長自助手冊，第二性徵 × 自慰疑慮 × 性愛問題，別再用「長大了就知道」搪塞孩子！

主　　編：周源，戴倩	
發 行 人：黃振庭	
出 版 者：崧燁文化事業有限公司	
發 行 者：崧燁文化事業有限公司	
E - m a i l：sonbookservice@gmail.com	
粉 絲 頁：https://www.facebook.com/sonbookss/	
網　　址：https://sonbook.net/	
地　　址：台北市中正區重慶南路一段六十一號八樓 815 室	
Rm. 815, 8F., No.61, Sec. 1, Chongqing S. Rd., Zhongzheng Dist., Taipei City 100, Taiwan	
電　　話：(02)2370-3310	
傳　　真：(02)2388-1990	
印　　刷：京峯彩色印刷有限公司（京峰數位）	
律師顧問：廣華律師事務所 張珮琦律師

國家圖書館出版品預行編目資料

做知「性」父母：性教育家長自助手冊，第二性徵 × 自慰疑慮 × 性愛問題，別再用「長大了就知道」搪塞孩子！/ 周源，戴倩主編. -- 修訂一版. -- 臺北市：崧燁文化事業有限公司, 2022.09
　面；　公分
POD 版
ISBN 978-626-332-653-8(平裝)
1.CST: 性教育 2.CST: 親職教育
544.72　111012448

-版權聲明

本書版權為西南師範大學出版社所有授權崧博出版事業有限公司獨家發行電子書及繁體書繁體字版。若有其他相關權利及授權需求請與本公司聯繫。

定　　價：250 元
發行日期：2022 年 09 月修訂一版
◎本書以 POD 印製

電子書購買

臉書

做知「性」父母

性教育家長自助手冊

周源、戴倩 主編

性教育，不必羞羞答答；
性教育，不必等孩子長大。
教孩子認識自己，
悅納自己，
保護自己，
學會愛與被愛，
就掌握了一聲幸福的鑰匙。

崧燁文化

做知「性」父母：性教育家長自助手冊
目錄

做知「性」父母：性教育家長自助手冊
總序

做知「性」父母：性教育家長自助手冊
第二章 生而有「性」

二、重視寶寶的「大」「小」功課

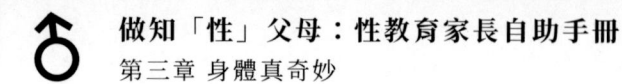

做知「性」父母：性教育家長自助手冊
第三章 身體真奇妙

做知「性」父母：性教育家長自助手冊
第四章 走向真實的世界

第四章 走向真實的世界

第四章 走向真實的世界

做知「性」父母：性教育家長自助手冊
第四章 走向真實的世界

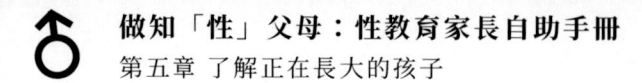

做知「性」父母：性教育家長自助手冊
第五章 了解正在長大的孩子

三、孩子可能正在糾結的問題

做知「性」父母：性教育家長自助手冊
第六章 家有孩子初長成

做知「性」父母：性教育家長自助手冊

第六章 家有孩子初長成

做知「性」父母：性教育家長自助手冊 / 周源, 戴倩 主編.
-- 第一版. -- 臺北市：崧燁文化，2019.07
　　面；　公分
POD 版

ISBN 978-957-681-876-9(平裝)

1. 性教育 2. 親職教育

書　　名：做知「性」父母：性教育家長自助手冊
作　　者：周源, 戴倩 主編
發 行 人：黃振庭
出 版 者：崧燁文化事業有限公司
發 行 者：崧燁文化事業有限公司
E - m a i l：sonbookservice@gmail.com
粉 絲 頁：　　　　　　網　址：
地　　址：台北市中正區重慶南路一段六十一號八樓 815 室
8F.-815, No.61, Sec. 1, Chongqing S. Rd., Zhongzheng Dist., Taipei City 100, Taiwan (R.O.C.)
電　　話：(02)2370-3310　傳　真：(02) 2370-3210
總 經 銷：紅螞蟻圖書有限公司
地　　址：台北市內湖區舊宗路二段 121 巷 19 號
電　　話：02-2795-3656 傳真：02-2795-4100　　網址：
印　　刷：京峯彩色印刷有限公司（京峰數位）

定　　價：280 元
發行日期：2019 年 07 月第一版
◎ 本書以 POD 印製發行